FÓRMULA E FÁBULA

Coleção Debates
Dirigida por J. Guinsburg
Conselho Editorial: Anatol Rosenfeld (1912-1973), Anita Novinsky, Aracy Amaral, Augusto de Campos, Bóris Schnaiderman, Carlos Guilherme Mota, Celso Lafer, Dante Moreira Leite, Gita K. Guinsburg, Haroldo de Campos, Leyla Perrone-Moisés, Lúcio Gomes Machado, Maria de Lourdes Santos Machado, Modesto Carone Netto, P. E. Salles Gomes, Regina Schnaiderman, Robert N. V. C. Nicol, Rosa R. Krausz, Sábato Magaldi, Sergio Miceli, Willi Bolle e Zulmira Ribeiro Tavares

Equipe de realização: Revisão: Plinio M. Filho; Produção: Lúcio Gomes Machado; Capa: Moysés Baumstein.

willi bolle
FÓRMULA E FÁBULA
(Teste de uma gramática narrativa, aplicada aos contos de Guimarães Rosa)

EDITORA PERSPECTIVA

Direitos reservados à
EDITORA PERSPECTIVA S.A.
Av. Brigadeiro Luís Antônio, 3025
Telefone: 288-8388
01401   São Paulo   Brasil
1973

"Mas o sertão era para, aos poucos e poucos, se ir obedecendo a ele; não era para à força se compor. Todos que malmontam no sertão só alcançam de reger em rédea por uns trechos; que sorrateiro o sertão vai virando tigre da sela."
Grande Sertão: Veredas

para Adélia

SUMÁRIO

Nota preliminar 9

1. Guimarães Rosa — "artigo de exportação" (Uma recepção com tendências panegíricas) .. 11
2. 77 fórmulas de condensar o sertão (Introdução a uma gramática narrativa) 25
3. Delito e sanção (SAGARANA) 37
4. Consciências angustiadas (CORPO DE BAILE) 65
5. Os inadaptados (PRIMEIRAS ESTÓRIAS) 83
6. Anedotas de abstração (TUTAMÉIA) 111
7. Evolução da poética de Guimarães Rosa contista — Possibilidades e limites de uma gramática narrativa 135

Apêndice:

Lista das siglas utilizadas nas fórmulas 151

NOTA PRELIMINAR

A versão original do trabalho, em língua alemã, foi apresentada como tese de doutoramento na Universidade de Bochum, em maio de 1971. Em relação ao original, o texto foi submetido a uma condensação e revisão; quanto ao método e às teses, nada foi modificado. Queria expressar minha gratidão a Antonio Candido e Haroldo de Campos — para mim, exemplos de personalidades críticas — pelo incentivo à publicação no Brasil. Agradeço também, muito, pela revisão do texto português, a Ulpiano Bezerra de Meneses e a minha mulher.

1

GUIMARÃES ROSA — "ARTIGO DE EXPORTAÇÃO"
(Uma recepção com tendências panegíricas)

A tarefa da crítica literária de hoje, diante da obra de Guimarães Rosa, não pode mais ser idêntica àquela da fase de consagração desse escritor, iniciada em 1956, ano da publicação do seu romance *Grande Sertão: Veredas*. Até então, João Guimarães Rosa era apenas conhecido como autor de *Sagarana* e precisava de críticos que o lançassem e defendessem sua obra.

Desde 1963-1965, porém, quando o sucesso atingiu dimensão internacional — com traduções para o inglês, alemão e francês — e a crítica estrangeira lhe atribuiu um lugar de destaque, não apenas dentro da literatura brasileira, mas no âmbito da literatura latino-americana, a glória de Guimarães Rosa é incontestada: "...ele é uma presença que sobressai no firmamento brasileiro", opina o crítico argentino Luis Harss, "sua altura faz com que os outros poetas e ficcionistas nem lhe cheguem ao ombro, e todos têm complexos por sua causa"[1]. A crítica brasileira passou a consagrar Guimarães Rosa como "clássico"[2] e a rubricar seus livros com o predicado "artigo de exportação"[3]. A partir daí, observa-se que o tom de propagandismo continua além das necessidades de lançamento de Guimarães Rosa e passa a constituir uma atitude mental apriorística de muitos estudos sobre sua obra.

A precoce "classicidade" de Guimarães Rosa baseia-se, curiosamente, numa apreciação bastante unilateral da obra. O principal ponto de referência é a obra de 460 páginas *Grande Sertão: Veredas,* por sinal, o único romance do Autor. Os seus contos, *Sagarana, Corpo de Baile, Primeiras Estórias* e *Tutaméia* — nada menos que quatro dos cinco livros por ele publicados em vida[4] — não foram objeto da mesma atenção. Abrangem a produção dos anos 1937/46 (*Sagarana*[5]) a 1967 (*Tutaméia*), isto é, a partir do auge do romance social dos anos 30 até bem além das experiências da poesia concreta (iniciadas em 1956), ou — se medirmos em coordenadas políticas — do Estado Novo de Getúlio Vargas até ao Governo de Castelo Branco.

Uma vez feitas essas referências extraliterárias, mas contemporâneas da produção artística de Guima-

---

(1) "João Guimarães Rosa or the Third Bank of the River". In: Luis Harss e Barbara Dohmann, *Into the Mainstream. Conversations with Latin-American Writers,* New York, 1967. p. 147.
(2) Wilson Martins. "Guimarães Rosa na Sala de Aula". Prefácio a Mary L. Daniel, *João Guimarães Rosa: Travessia Literária,* Rio de Janeiro, 1968. p. XI.
(3) Paulo Rónai. "Os vastos espaços". Introdução a J. G. Rosa, *Primeiras Estórias,* 3.ª ed., Rio, 1967. p. VII.
(4) Foram publicadas duas obras póstumas, ed. por P. Rónai: *Estas Estórias,* Rio, 1969, e *Ave, Palavra,* Rio, 1970. Trata-se de um volume de contos e de uma coletânea de textos menores — notas de diário e de viagens, reportagens, poemas, narrativas curtas. As duas obras não foram incluídas na nossa análise.
(5) A primeira data é a da apresentação anônima em um concurso, a segunda, a da publicação oficial de *Sagarana.*

rães Rosa, seria interessante verificar em que medida seus contos apresentam a sociedade na qual viveu e conhecer os processos narrativos empregados para estruturar, a partir de certos dados da realidade, um modelo literário da sociedade brasileira. A questão foi deixada em aberto pela crítica ou recusada, com a alegação de se tratar de um escritor sem compromissos ideológicos. Mas não há impedimento para que um autor dito sem compromissos ideológicos possa, sim, ser estudado sociologicamente. Aliás, as perguntas formuladas acima correspondem a um dos tipos mais comuns de estudos sociológicos em literatura, como foi esclarecido por Antonio Candido[6].

Seria útil complementar o estudo da sociedade representada pela obra literária por um exame da aceitação dessa obra pela instituição social mediadora entre a obra e o público: a crítica literária. Segundo Walter Benjamin,

"é uma ilusão do marxismo vulgar acreditar que a função de um produto, seja material, seja espiritual, possa ser determinada, se deixarmos de examinar as condições e os portadores da sua transmissão"[7].

O problema formulado por Benjamin é bem amplo; transferindo-o para o estudo dos contos de Guimarães Rosa, teríamos que examinar não apenas a obra e a crítica, mas também fatores como edição e difusão, bem como o público e a sociedade como um todo — em suma, delinear todo o *background* material, social, profissional, além de discutir problemas relativos a idéias, valores etc. Uma análise da recepção, nesses termos, seria o ideal, mas, extremamente complexa, constituiria matéria para um trabalho autônomo; ora, isso não é o nosso objetivo central. Efetuaremos, especificamente, uma análise estrutural dos contos de Guimarães Rosa; no entanto — céticos a respeito de abordagens imanentes — temos interesse em saber de que maneira essas obras já foram mediatizadas. O problema levantado por Benjamin será, pois, abordado somente em alguns aspectos: o que a crítica destaca nos contos

(6) *Literatura e Sociedade*. São Paulo, 1965. pp. 10-14.
(7) "Fragment über Methodenfragen einer marxistischen Literatur-Analyse". In: *Kursbuch 20, Über ästhetischen Fragen*, Frankfurt a.M., Ed. H. M. Enzensberger, 1970. p. 1.

de Guimarães Rosa? quais são os seus julgamentos de valor e quais os critérios de valoração?

A análise da crítica aos contos de Guimarães Rosa não será, de modo algum, exaustiva, mas escolhemos uma amostra de textos que julgamos representativos. Evidentemente, não há unanimidade ou uniformidade de opiniões; mas, apesar disso, destaca-se uma posição corrente: a tendência ao panegírico, o hábito louvatório, a edificação de mais um monumento literário. Um exemplo disso é o rótulo "artigo de exportação", que nada diz sobre as qualidades intrínsecas da obra, mas que é um valor derivado, permitindo, a rigor, a propagação dessa obra sem se preocupar com suas propriedades de composição e de conteúdo. Já que se trata de um produto a ser consumido também fora do país, incluímos, nessa amostra de posições críticas, algumas reações de crítica estrangeira, restringindo-nos ao caso da Alemanha, onde Guimarães Rosa teve, talvez, sua maior aceitação no Exterior, devido em boa parte à qualidade das traduções realizadas por Curt Meyer-Clason.

Segundo o crítico alemão Hugo Loetscher, a literatura latino-americana apresenta uma preocupação fundamental: superar o regionalismo; e ele felicita Guimarães Rosa por tê-lo conseguido[8]. Tal opinião pode ser confrontada com uma observação de Álvaro Lins, que ressaltou em 1946 — ano da publicação de *Sagarana* — que o autor não ficou preso ao regionalismo convencional[9]. Os dois julgamentos vão aparentemente na mesma direção, mas na verdade cada um se baseia em um código de valor diferente. Lins acentuou a novidade de tratamento *formal* na ficção regionalista, mantendo regionalismo como valor. Loetscher, ao contrário, vítima de um preconceito negativo contra o regionalismo, faz pouco caso do fato de o regionalismo ser uma das bases históricas da ficção brasileira atual. Há ainda um escalonamento dessa visão, pois o crítico Günter Lorenz, endossando a opinião de um autor que não menciona, apresenta a literatura brasileira atual como "literatura de uma personalidade única" (Guima-

---

(8) "Lateinamerikanische Autoren und ihre Wirklichkeit". *Die Weltwoche* (Zurique), 23-8-1968.
(9) "Uma grande estréia". *Correio da Manhã* (Rio de Janeiro), 12-4-1946. Reimpresso em Álvaro Lins, *Jornal de Crítica*, 5.ª série, Rio, 1947. pp. 176-184.

rães Rosa), alegando a "falta de termos de comparação"[10]. Portanto, Guimarães Rosa tende a ser apresentado ao público estrangeiro como desligado de uma tradição histórico-literária, ao invés de inserido nela; e, paralelamente, há uma recaída no culto do gênio.

O regionalismo foi escolhido, de propósito, como primeiro item dessa análise da recepção, pois oferece a vantagem de ser um ponto de referência concreto em história literária. Isso não quer dizer que seja o critério de valoração mais importante; apenas significa que em torno dele se cristalizam diversas opiniões sobre os contos de Guimarães Rosa, confirmando várias vezes a observação anterior de que valores derivados (por exemplo, o rotulamento de Guimarães Rosa como regionalista ou não) se sobrepõem, na transmissão da obra pela crítica, à reflexão sobre os seus valores estéticos.

O regionalismo pode ser definido como o traço mais característico da ficção brasileira; é uma procura da identidade nacional, através da representação do homem que vive no meio rural: regiões do Nordeste, da Bahia, Amazônia, São Paulo, Rio Grande do Sul, Goiás, Minas Gerais. Foi do regionalismo que repetidas vezes partiu o impulso para a elaboração de programas e para a emancipação de modelos europeus: indianismo ou sertanismo, caboclismo ou caipirismo, Congresso Regionalista de 1926, Manifesto Antropofágico de 1928 ou, finalmente, romance socialmente engajado da década de 1930.

Dentro dessa linha e contemporaneamente a ela nasce, em 1937, a primeira obra do ficcionista de Cordisburgo. Com o título *Contos* concorre anonimamente ao "Prêmio Humberto de Campos" da Editora José Olympio, e ganha o segundo lugar. Entretanto, o autor publica o livro somente nove anos mais tarde, após intensa reelaboração, com o título *Sagarana*.

Não são poucos os críticos que classificam Guimarães Rosa claramente como regionalista. Álvaro Lins caracterizou *Sagarana* (1946) como documento de uma região, do interior de Minas Gerais[11]. Paulo Rónai se

(10) *Dialog mit Lateinamerika. Panorama einer Literatur der Zukunft.* Tübingen e Basiléa, 1970. p. 484.
(11) "Uma grande estréia". p. 178.

refere a *Corpo de Baile* (1956) como a uma coletânea de contos regionais[12]. Wilson Martins, enfim — antes de condecorar (em 1968...) Guimarães Rosa como "um desses autores que já nascem clássicos"[13] — tinha sido bem mais reservado frente ao seu suspeitado *poeta minor,* opinando que seus livros não podiam medir-se com aqueles dos ficcionistas "universais", e sugeriu laconicamente redenominar o conjunto da obra: "Os Vaqueiros"[14].

De outro lado, esse rotulamento de Guimarães Rosa como regionalista não ficou sem suscitar oposição, desde que publicou as *Primeiras Estórias* (1962). Loetscher fala de um recuo do colorido local e de uma translação "da região do sertão e de sua linguagem regionalista para o artístico"[15]. Georg Rudolf Lind vê a tentativa de uma renovação artística: da temática do sertão para o conto filosófico-fantástico; *Primeiras Estórias* seria, na obra de Guimarães Rosa, a parte mais orientada para o futuro[16]. Contra essas opiniões podem ser levantadas as observações de Rónai, segundo o qual o palco dos acontecimentos em *Primeiras Estórias* continua sendo o mesmo dos contos anteriores[17] e a última obra, *Tutaméia* (1967), também evidencia continuidade de espaço e personagens[18].

Mary Daniel, autora de uma tese de doutoramento sobre Guimarães Rosa, faz uma distinção entre obras "de caráter predominantemente rural", a saber *Sagarana, Corpo de Baile* e *Grande Sertão: Veredas,* e de outro lado, as "mais cosmopolitas" *Primeiras Estórias*[19]. Ela estabelece, aliás, a tese de uma harmônica progressão qualitativa; de obra em obra, Guimarães Rosa aumentaria o seu potencial comunicativo, sendo *Primeiras Estórias* "a obra mais profunda e madura do autor"[20]. Quando é publicado *Tutaméia,* ela, na falta

(12) "Rodando os Segredos de Guimarães Rosa". In: *Encontros com o Brasil,* Rio, 1958. p. 141.
(13) "Guimarães Rosa na Sala de Aula". p. XI.
(14) "50 anos de literatura brasileira". In: *Panorama das Literaturas das Américas,* Angola, Ed. J. M. de Carvalho, 1958. v. I, p. 150.
(15) "Lateinamerikanische Autoren und ihre Wirklichkeit". *Loc. cit.*
(16) "João Guimarães Rosa — der Epiker des Sertão". *Die Tat* (Zurique), 13-7-1968.
(17) "Os vastos espaços". p. XI.
(18) "As Estórias de 'Tutaméia' ". Suplemento Literário de *O Estado de São Paulo,* 23-3-1968.
(19) *João Guimarães Rosa: Travessia Literária.* Rio, 1968. p. 173.
(20) *Op. cit.,* pp. 175 e 176.

de superlativos, declara que o livro "surge como uma bênção na sua carreira literária"[21].

Wilson Lousada, numa breve visão de conjunto do ficcionista, abstém-se prudentemente de um julgamento nesse sentido:

> "Para se compreender melhor o autor de *Sagarana*, entretanto, é necessário acompanhá-lo em cada uma das etapas da obra, sem que isso implique em reconhecer, obrigatoriamente, um processo evolutivo de aperfeiçoamento do autor de livro em livro"[22].

A primeira e a segunda fase da produção literária de Guimarães Rosa se distinguem — como Lousada ainda explica — em termos de *composição* e *estrutura*[23]. De fato, resta ainda uma importante tarefa a ser executada: estudar os contos de Guimarães Rosa segundo a sua composição e estrutura e observar a evolução de seus processos narrativos.

Outra questão em aberto é a que se relaciona com a apreciação de Álvaro Lins, segundo a qual em Guimarães Rosa encontraríamos "a temática nacional numa expressão universal"[24]. Com o tempo, essa formulação tornou-se um fácil chavão, esvaziado de sentido; sabemos bastante sobre a "universalidade de expressão" do ficcionista, mas muito pouco sobre o que seria a chamada "temática nacional". Esse, no fundo, é o problema que deveria ser elucidado quando se discute o regionalismo de Guimarães Rosa.

Oswaldino Marques foi, talvez, o único a perceber que o plano de abstração em que se coloca Guimarães Rosa não é suficiente para mascarar um problema concreto, histórico — o subdesenvolvimento — e que poderia se situar dentro dos quadros de uma temática nacional:

> "A arte acabada de João Guimarães Rosa [...] não nos distrai, todavia, do negro drama que se desenrola quase às ocultas da civilização litorânea: a lenta e criminosa animalização dos nossos irmãos dos 'gerais' "[25].

(21) *Ibidem*. p. 178.
(22) "O Regionalismo na Ficção: Ciclo Central". In: *A Literatura no Brasil*, 2.ª ed., Ed. A. Coutinho, Rio, 1969. v. III, p. 268.
(23) *Idem ibidem*.
(24) "Uma grande estréia". p. 178.
(25) "A Revolução Guimarães Rosa". In: *A Seta e o Alvo*, Rio. 1957. p. 177.

Essa perspectiva não obteve repercussão, não conseguiu contrabalançar as interpretações que apresentam os protagonistas dos contos como marginais da sociedade, sim, mas com curiosos anseios metafísicos, sempre reduzidos a uma estrita dimensão de *cosa mentale*. Assim, não é de estranhar que — quando as posições da crítica jornalística e ensaística se cristalizaram em manuais de história literária — o ficcionista mineiro ali tenha sido registrado como "regionalista puro, sem implicações sociais"[26].

Uma vez que a crítica deu preferência ao tópico "universalidade da expressão" e que Guimarães Rosa, de fato, atraiu a atenção dos críticos graças às suas inovações estilísticas, estas se tornam um segundo núcleo para a nossa análise da recepção.

Oswaldino Marques aponta:

"...o virtuose de *Sagarana*, talvez o maior inovador, no domínio da linguagem, de nossa literatura. [...]
"Nele, o *drive* expressivo sobrepuja as convenções estilísticas, oferecendo à sua produção um clima de largas possibilidades experimentais"[27].

A criação de uma nova linguagem tornou-se tópico central de interesse depois dos estudos pioneiros de Oswaldino Marques, Cavalcanti Proença e Augusto de Campos[28]. É interessante observar que também a crítica estrangeira (conhecendo às vezes os textos de Guimarães Rosa apenas em tradução) se mostrou sensível às suas inovações estilísticas:

"Em toda a literatura latino-americana, ninguém o ultrapassa quanto às peculiaridades da sua criação lingüística"[29].

"Existe uma espécie de idioma Guimarães Rosa, uma língua *sui generis*, com gramática particular, vocabulário particular e uma escritura mais do que particular"[30].

A ênfase dada à constituição estilística da obra não deixou de gerar interpretações apologéticas, como

---

(26) Afrânio Coutinho. "Simbolismo. Impressionismo. Modernismo." In: *A Literatura no Brasil*, 2.ª ed., 1969. v. IV, p. 75.
(27) "Canto e Plumagem das Palavras". In: *A Seta e o Alvo*, pp. 21 e 26.
(28) O. Marques. "Canto e Plumagem das Palavras" (1957); C. Proença, *Trilhas do Grande Sertão*, Rio, 1958; A. de Campos, "Um Lance de 'dês' do Grande Sertão", *Rev. do Livro* 16, (1959), 9-27.
(29) Walter Haubrich, "J.G. Rosa — Corps de Ballet", manuscrito de uma emissão radiofônica, Hessischer Rundfunk (Frankfurt), 2.º programa, 9-10-1966.
(30) G. W. Lorenz. "Epos von antiker Kraft. Der Romanzyklus 'Corps de Ballet' ". *Die Welt der Literatur* (Hamburgo), 24-11-1966.

ocorre no livro de Assis Brasil[31], cuja Terceira Parte, "A Chave da Obra", se compõe de capítulos intitulados anaforicamente: "Linguagem e Fabulação", "Linguagem e Renovação", "Linguagem e Revelação" e "Linguagem, Criação e Mito". Aqui temos mais um exemplo que confirma a nossa tese do panegirismo. Entretanto, em outras faixas da crítica, as peculiaridades estilísticas de Guimarães Rosa foram vistas sob aspectos negativos; uma dessas contribuições é suficientemente eloqüente pelo título: "Escritores que não conseguem ler 'Grande Sertão'"[32]. O problema da comunicabilidade dos textos de Guimarães Rosa também foi levantado por Paulo Rónai, que fala ambiguamente das "fecundas arbitrariedades" no estilo de *Corpo de Baile*, ao mesmo tempo que critica o cheiro de "preciosismo"[33] — opinião que também constituía o núcleo da crítica de Wilson Martins:

"...ele [Rosa] esconde, sob as aparências de um estilo rústico [...] o mais caracterizado preciosismo literário. A sua 'maneira' é um 'maneirismo'"[34].

Dois autores, Mário de Andrade e James Joyce, experimentadores da linguagem, são comumente tomados como referência. Não raro ocorrem julgamentos unilaterais. Ao passo que Joyce, com suas montagens de palavras, teria caído em exageros — na opinião de Oswaldino Marques — Guimarães Rosa, com seus neologismos, atenderia "a um imperativo da expressão tendente a iluminar, pelo estilo, uma faceta até então ignorada do mundo"[35]. Doze anos depois, Assis Brasil mantém inalterada a mesma opinião. Apontando o caráter conotativo da linguagem de Guimarães Rosa, insiste: "A fonte é joyceana, mas este ia ao exagero..."[36]. Não se vê bem a razão por que o valor conotativo das deformações de linguagem é apenas atribuído a Guimarães Rosa e não ao autor de *Ulysses* e *Finnegans Wake*. Mary Daniel também dá ao "seu" autor, com extrema parcialidade, um lugar de destaque; mal se distancia das declarações (de autopromoção?) do próprio Gui-

(31) *Guimarães Rosa*. Rio, 1969.
(32) *Leitura*. Out. 1958.
(33) "Rodando os Segredos de Guimarães Rosa". p. 143.
(34) "50 anos de literatura brasileira". p. 192.
(35) "Canto e Plumagem..." p. 113.
(36) Assis Brasil. *Guimarães Rosa*, p. 85.

marães Rosa, relativas precisamente a esses dois autores e que são vistos por ele desfavoravelmente:

"Acho nele [Joyce] um ludismo, uma atitude que não me é simpática, excessiva intencionalidade formal, muitíssimo de 'voulu', que me repele... 'Mário de Andrade [...] partiu de um desejo de 'abrasileirar' a todo custo a língua, [...] além de querer enfeá-la, denotando irremediável mau-gosto. Faltava-lhe, a meu ver, finura, sensibilidade estética..." [37].

Afora os prós e contras, interessa saber qual é a função que a crítica atribui às inovações lingüísticas. Inspirada principalmente em Malinowski e Caudwell, a análise de Oswaldino Marques se preocupa em estudar a palavra poética como modo de ação, como ato social dinâmico[38]. Através do exame dos meios estilísticos postos em jogo por Guimarães Rosa, Marques quer provar a tese da função social do escritor como "renovador do Mundo Perceptual Comum":

"Sua função primordial [...] é descondicionar os nossos hábitos verbais e levar-nos a reexperimentar as idéias ou sensações veiculadas. A comoção que nos agita arranca-nos, por assim dizer, à nossa letargia mental e nos obriga a repensar os objetos. A linguagem opera, desse modo, a contínua reativação das nossas vivências e nos abastece de conotações insuspeitadas" [39].

O problema é conceituar, num trabalho empírico, esse "Mundo Perceptual Comum". O conceito está relacionado com o de padrão estilístico geral. Ora, a estilística recente [40] demonstrou a não-pertinência de uma norma assim concebida, para o estudo de uma obra literária, dando preferência a uma concepção flexível de "contexto estilístico"[41]. Mais ainda: não só neologismos mas justamente elementos lingüísticos ou perceptuais dos mais comuns, mais banais — a saber os clichês — podem ser altamente expressivos[42]. O ele-

(37) Carta de Guimarães Rosa, de 3-11-1964. *Apud* Daniel, *op. cit.*, p. 73.
(38) Cf. "Canto e Plumagem..." pp. 48 e 51.
(39) *Ibidem*, p. 82. Cf. também p. 125.
(40) Cf. Michael Riffaterre, *Essais de stylistique structurale*, Paris, 1971.
(41) Cf. o seu "Stylistic Context", *Word* XVI/2, (1960), 207-218. Constitui o Cap. II da ed. francesa dos ensaios de Riffaterre, *Essais*...
(42) Cf. a convincente demonstração que Riffaterre dá do uso ironizante do clichê por Marcel Proust como crítico social. ("Fonction du cliché dans la prose littéraire", Cap. VI dos *Essais*...)

mento que determina se há efetivamente estímulo para a percepção é o contexto. Ora, a definição que Marques dá do contexto é tão fragmentária, tão vaga, que não chega a provar empiricamente a sua tese.

Numa direção semelhante vão também as interpretações de Paulo Rónai [43] e Benedito Nunes [44]. Assis Brasil, numa mesma linha, mas sem argumentação, limita-se a observar que Guimarães Rosa se utiliza da língua para "des-realizar" a realidade[45]. Ora, por que ocorrem essa "des-realização", essa deformação ou — como diria Chklóvski — esses processos de estranhamento? A decifração desse código estético em vista de um conhecimento da realidade sertaneja está por se fazer.

Diante dessa pergunta em aberto, recorrer a uma "temática metafísica" pode parecer um cômodo *Ersatz*. Fala-se, então, no "drama-de-estar-no-mundo", na "procura do sentido da vida", na "situação básica existencial do homem que desconfia da ordem deste mundo". A obra de Guimarães Rosa é iluminada por noções como agnosticismo, antilógica, neoplatonismo, mística, nadaísmo. O problema não é examinar aqui se os contos se prestam a tais caracterizações tão heterogêneas; o problema primário é a falta de clareza no uso desses conceitos.

O que interessa, então, é saber como a crítica julga o que ela chama de "temática metafísica". Não obstante as falhas de conceituação, a "temática metafísica" é concebida como valor em si, isto é, axiomaticamente; há uma valoração da metafísica e da universalidade sem que se fundamente o seu valor positivo. Não houve tentativa de indagar a inserção dos personagens apresentados nos contos no contexto histórico, econômico, social, antes da ascensão às alturas metafísicas. A abstrata "universalidade" de conteúdo perdeu a ligação com o regionalismo concreto.

Segundo Lenira Covizzi [46], o escritor deixou-se influenciar demais pela crítica. Aparentemente, ele se sentiu bem sensível aos julgamentos que a crítica veio

(43) "As estórias de *Tutaméia*". *Loc. cit.*
(44) "Interpretação de *Tutaméia*". Suplemento Literário de *O Estado de São Paulo*, 2-9-1967.
(45) *Op. cit.* p. 94.
(46) "Prefácios Travestidos". Suplemento Literário de *O Estado de São Paulo*, 14-6-1969.

elaborando — "originalidade de expressão" e "primeiro autor metafísico da literatura brasileira" — e viu-se obrigado a sublinhá-los, mais uma vez, nos prefácios de *Tutaméia*. O resultado, na opinião de Lenira Covizzi: artificialidade, pretensão e extravagâncias.

Mas, de outro lado, pode-se suspeitar que a crítica, por sua vez, se identifica, em grande parte, com o que o Autor declarou a respeito de sua obra. Pois, se a opinião de Álvaro Lins — de que nos contos de Guimarães Rosa não se expressam preocupações políticas ou ideológicas [47] — se manteve inalterada até hoje, podemos imaginar que o responsável talvez não seja a obra, mas as informações do Autor *sobre* ela. Parece que existe, por parte da crítica, uma confusão entre liberdade de compromissos ideológicos e uma atitude declaradamente antiideológica. Isto seria uma razão de comparar a imagem "mediatizada" da obra, descrita até aqui, com a opinião que Guimarães Rosa fez divulgar sobre sua obra em entrevistas, cartas aos críticos, aos tradutores etc.

A entrevista "mais longa jamais concedida por Guimarães Rosa" foi publicada como parte de um livro de Günter W. Lorenz, *Dialog mit Lateinamerika*[48]. Como é uma das mais ricas em informação, merece um exame. É significativo, antes de mais nada, que, nessas declarações, questões sociais não são absolutamente mencionadas. Não há sequer alusão ao subdesenvolvimento da região de onde Guimarães Rosa extrai os seus protagonistas. Essa **indiferença encontra o seu paralelo na posição do autor diante da política**. Quando se debateu — no 1.º Congresso de Escritores Latino-Americanos, realizado em Gênova em 1965 — a questão "política e responsabilidade social do escritor", Guimarães Rosa abandonou a sala. Reação semelhante teve em 1967 no México, por ocasião do 2.º Congresso de Escritores Latino-Americanos. Como nas demais entrevistas, Guimarães Rosa evitou qualquer comentário sobre assuntos políticos. E declara:

"...a política é uma coisa desumana, porque trata o ser humano como se fosse uma vírgula numa soma. Não sou

(47) "Uma grande estréia". (1946). p. 179.
(48) Tübingen e Basiléia, 1970, pp. 483-538, *passim*. Parte da entrevista foi traduzida e condensada por Leo Gilson Ribeiro, Rev. *Veja* n.º 120 (23/12/1970), pp. 3-6.

político justamente porque amo meu próximo. Deviam abolir a política".

Essa concepção de política do grande ficcionista brasileiro completa-se pela seguinte concepção de sua profissão oficial: "Um diplomata é um sonhador, foi por isso que eu pude exercer essa profissão". Há, sem dúvida, sintomas que denotam um conflito interno entre a visão "livre" do escritor e a visão "oficial" do alto funcionário comprometido com os interesses da sua profissão. Guimarães Rosa como leitor de ficção dá preferência a autores clássicos. Goethe, Dostoiévski, Flaubert, Balzac, Kafka, Rilke. De autores citados na entrevista, como Brecht e "jovens autores", diz não sentir com eles nenhuma afinidade. Zola não passa de "um feirante aos berros". Sobre os colegas latino-americanos prefere não dar opinião. Distancia-se da literatura engajada: o escritor não deveria ocupar-se com política, mas manter-se politicamente neutro, não participar das "bagatelas políticas". Sua verdadeira responsabilidade é "servir à liberdade e ao homem". Ele define para si mesmo também um engajamento, mas "um engajamento do coração". No seu trabalho literário, Guimarães Rosa atribui, evidentemente, o mais alto valor à linguagem. Não quer se sujeitar "à tirania da gramática nem à dos dicionários dos outros"; concebe a linguagem como "metáfora para honestidade": "o brasileiro ainda fala, também no sentido filológico, honestamente". A linguagem é um elemento metafísico, o português do Brasil seria "metafisicamente mais rico" que o português de Portugal, seria uma língua "ainda aquém do bem e do mal". A linguagem daria ao escritor a possibilidade de servir a Deus, corrigindo-o, de servir ao homem e de vencer o diabo, inimigo de Deus e do homem. Finalmente: "A minha linguagem [...] é a arma com que estou defendendo as aspirações dos homens". Apesar disso, tal contínua e enfática invocação da linguagem como última instância, princípio absoluto, chega a beirar o fetichismo. Há também uma identificação voluntária com os sertanejos:

"...nós, sertanejos, somos tipos especulativos [...] Cada dia que raia queremos esclarecer os mistérios fundamentais do mundo. [...] e quando eu não entendo bem alguma coisa, então não vou conversar com nenhum professor erudito, mas procuro um vaqueiro velho de Minas, qualquer um deles, pois todos são sábios. Quando volto a estar com eles, sempre volto a ser vaqueiro de novo..."

Diferentemente do que ocorre nos seus contos, a identificação "oficial" do escritor-diplomata com os vaqueiros do sertão, não se refere a um sertanejo definido econômica ou socialmente, mas sim *metafisicamente*.

Convém observar ainda que a linguagem de entrevista de Guimarães Rosa é rica em paradoxos e imagens e cheia de humor e de auto-ironia: ele se compara, por exemplo, uma vez, com um jacaré no Rio São Francisco... Na entrevista, Guimarães Rosa tenta atrair o interlocutor ao terreno das metáforas, dos paradoxos e das ambigüidades — que conhece como poucos e que lhe servem de camuflagem e proteção. Pode ser considerado, então, uma pessoa estranha, e alimenta tal imagem, na medida em que isso seja equivalente a "profundo", "misterioso", "insondável" etc. Não quer fornecer esclarecimentos — o que, de fato, é um trabalho que a crítica tem que fazer — mas indica a perspectiva em que ela deve vê-lo: como feiticeiro da linguagem, como autor metafísico ou como a esfinge da literatura brasileira, diante da qual se reúnem os críticos para solucionar enigmas.

Como vimos ao longo da análise da recepção, essas sugestões do Autor coincidem amplamente com as opiniões divulgadas pelos panegíricos; de modo que parece unilateral dizer que o escritor se deixou influenciar pela crítica, pois quem fomentou o culto em torno de Guimarães Rosa foi, em boa parte, ele mesmo.

2

77 FÓRMULAS DE CONDENSAR O SERTÃO
(Introdução a uma gramática narrativa)

O exame da recepção evidenciou na análise dos contos de Guimarães Rosa uma série de questões em aberto; claro que estamos longe de resolvê-las todas, mas há algumas prioridades. Sobre os procedimentos narrativos de Guimarães Rosa contista, ou seja, sobre a sua poética narrativa, só existem estudos esporádicos. Seria necessário investigar o que se passava no *atelier* literário do escritor, quais eram, na sua criação literária, as intenções e os projetos, os problemas, as experiências, as opções — e a razão de ser dessa poética. O que faz falta, em primeiro lugar, é uma descrição sistemática e integral dos contos — o que constituirá precisamente o objetivo principal do nosso trabalho. Dizemos intencionalmente *descrição,* porque esta seria a condição prévia para se estudar a *significação* dos contos e desenvolver uma *interpretação.* Com isso, tocamos numa problemática importante para os estudos literários hoje em dia: a rivalidade entre a crítica impressionista (interessada na significação da obra) e a *ciência* da literatura (voltada para a elaboração de técnicas de descrição cada vez mais exatas). Na boca de um "cientista" da literatura, o termo "impressionista" — aplicado à crítica literária — tem quase sempre conotação pejorativa, e geralmente é reforçado por outros epítetos, como "subjetivo", "superficial", "arbitrário". Ora, os dados que acabamos de analisar no capítulo anterior — a recepção de uma obra de arte feita essencialmente em termos de impressões (o que é a regra) — não nos autorizam a tratar a crítica impressionista com desprezo, para dar todo o nosso crédito a uma *ciência* da literatura, que via de regra fica desarmada quando se trata de interpretar, descobrir significações.

A *ciência da narrativa* — tal como começou a ser elaborada nos últimos anos pela "escola de Paris" (Greimas, Barthes, Bremond, Todorov, Genette, Kristeva e outros) — expressa a ambição de aplicar ao campo das letras o *esprit de géométrie,* empreendimento muitas vezes perturbado pela tentação e o desejo de levantar vôo nas asas de associações engenhosas, livres, inventivas. Procuraremos aplicar alguns desses procedimentos — em cujos esforços vemos uma indispensável revitalização dos estudos literários — à análise dos contos de Guimarães Rosa. Assim, o estudo dos contos do ficcionista mineiro encontra-se embricado numa experiência de metodologia.

Na recepção dos contos pela crítica descobrimos, aliás, duas lacunas que correspondem exatamente à dupla problemática que a análise estrutural da narrativa levanta ou envolve:

1) Como relacionar, na descrição, o plano dos fatores estilísticos com o plano das "grandes"

unidades: intriga, personagens, construção, temas?
2) Como chegar da descrição à enunciação da significação? Isto é, como explicar a interligação do texto com a realidade chamada "extraliterária": o universo representado nas obras e o mundo que vai "consumir" esses textos?

Resulta, a partir daí, a exigência de um estudo *funcional* dos contos de Guimarães Rosa. As suas inovações estilísticas, incluindo os processos de estranhamento, devem ser estudadas em função das grandes unidades da efabulação e, portanto, também em função daquela temática que até agora ou não foi mencionada ou o foi extremamente simplificada: a temática social. Seria interessante ainda, confrontar-se, no fim, o sertão composto pelas narrativas de Guimarães Rosa escritor e esse mesmo sertão visto por Guimarães Rosa escritor--diplomata entrevistado.

Uma das dificuldades é: como efetuar essa complexa pesquisa? Uma descrição integral dos 77 contos de Guimarães Rosa, que juntos abrangem cerca de 1 500 páginas, é evidentemente fora do nosso alcance. A alternativa seria descrever um conto único, mas de maneira exaustiva. Tal procedimento, porém, apresentaria, no momento, grandes inconvenientes: qual seria o critério para a escolha de uma dentre as 77 narrativas? O que se pode afirmar sobre a representatividade daquele conto para com a obra toda, se mal se conhece essa totalidade?

A solução mais viável foi optar por uma descrição de todas as narrativas (desde o primeiro conto, "O Burrinho Pedrês", de *Sagarana,* até o último, "Zingaresca", de *Tutaméia*), limitando-nos porém, a um número restrito de elemento constitutivos: enredos, personagens e temas, em sua organicidade — portanto às grandes unidades narrativas.

Justamente nesse campo podemos contar com o auxílio de várias pesquisas, fundamentais do ponto de vista metodológico: trabalhos realizados principalmente por formalistas russos e pelo grupo de semiólogos da *École Pratique des Hautes Études* em Paris. Dentre esses grupos destacam-se dois pesquisadores — Vladimir Propp e Tzvetan Todorov — cuja posição de problema é bem próxima à nossa: como reduzir um grande número de narrativas com seus elementos constituintes, por meio de uma metodologia definida e coerente, a um pequeno número de fórmulas condensadoras, com vistas a um estudo comparativo? Propp, na sua *Morfologija skazki* (Leningrado 1928) examinou uma centena de contos de fada russos; Todorov, na *Grammaire du Décaméron* (Paris 1969), uma centena de contos renascentistas[1].

Há, pois, razões evidentes para que nós — com o número não menos cabalístico de 77 narrativas — nos decidamos a basear a análise dos contos de Guimarães Rosa no método desses dois pesquisadores.

O primeiro passo será a comparação da *morfologia* da narrativa (Propp) com a *gramática* da narrativa (Todorov).

O objetivo de Propp — elaborar uma morfologia dos contos de fada russos — corresponde a uma descrição das narrativas segundo as suas partes constitutivas e das relações dessas partes entre si e com o conjunto[2]. O que Propp critica nos seus antecessores é o

(1) Os dois trabalhos aqui realçados têm que ser compreendidos, evidentemente, dentro do contexto geral da evolução dos estudos da narrativa.
Como precursor das atuais escolas estruturalistas é apontado unanimemente o nome de Propp. O pesquisador russo, professor de Etnologia na Universidade de Leningrado, concebeu a sua *Morfologija* como um aperfeiçoamento e uma revisão dos métodos de Bédier, *Les Fabliaux*, Paris, 1893; de Aarne, *Verzeichnis der Märchentypen*, Helsinqui, 1911 e de Veselovski, *Poetika sjuzhetov*, Petersburgo, 1913. A respeito da reação dos estudiosos à obra de Propp, cf. E. Meletinski, "L'étude structurale et typologique du conte", em V. Propp, *Morphologie du conte*, trad. M. Derrida, Paris, 1970, pp. 201-254. A ressonância mais ampla da análise morfológica deu-se no estruturalismo francês, a partir de 1960 (cf. C. Lévi-Strauss, "La structure et la forme, réflexions sur un ouvrage de Vladimir Propp", *Cahiers de l'Institut de science économique appliquée*, série M, n.º 7 (1960), 1-36. Reproduzido com o título "L'analyse morphologique des contes russes", *International Journal of Slavic Poetics and Linguistics* III, (1960), 122-149).
A *Morfologija skazki* e sua recepção por Lévi-Strauss tornaram-se um ponto de partida importante para as pesquisas de um grupo de estudiosos literários da "École Pratique des Hautes Études" (cf. *Communications* 4 (1964), "Recherches sémiologiques" e *Communications* 8 (1966). "L'Analyse structurale du récit".
O artigo de Roland Barthes, "Introduction à l'analyse structurale des récits" (*Comm.* 8, pp. 1-27), apresenta os diversos enfoques desses pesquisadores.
Merecem realce especial:
os trabalhos de A. J. Greimas, "Le conte populaire russe (Analyse fonctionnelle)", *Int. Journal of Slavic Poetics and Linguistics* IX (1965), 152-175; *Sémantique structurale*, Paris 1966; "Éléments pour une théorie de l'interprétation du récit mythique", *Comm.* 8, pp. 28-59; *Du sens. Essais sémiotiques*. Paris, 1970;
os trabalhos de Cl. Bremond, "Le message narratif", *Comm.* 4, pp. 4-32; "La logique des possibles narratifs", *Comm.* 8, pp. 60-76.
e os trabalhos de T. Todorov, especialmente a *Grammaire du Décaméron* que é referência do nosso estudo.
(2) *Morphologie du conte*. Trad. M. Derrida. p. 28.

diletantismo filosófico e a falta de rigor científico. Para ele, o problema dos estudos de narrativa não é o da quantidade de material, é o do método[3]. O modelo para uma terminologia exata vai ser buscado nas ciências naturais, na classificação botânica de Lineu:

> "Em botânica, a morfologia compreende o estudo das partes constitutivas de uma planta, da sua relação mútua e para com o conjunto total..."[4].

O sistema descritivo de Propp é baseado nas *funções*, que ele considera como elementos *constantes*, como constituintes fundamentais do conto. A sua definição de função é esta:

> "ação de um personagem, definida do ponto de vista de sua significação no desenrolar da intriga"[5].

É ressaltada a interdependência entre o acontecimento narrado e o seu contexto narrativo.

O pensamento funcional de Propp também vale para o contexto mais amplo em que se coloca a narrativa: a descrição morfológica não é, para ele, uma finalidade em si; é condição preliminar indispensável para um posterior estudo histórico[6]. De fato, quando o trabalho do morfologista termina, colocam-se novos problemas: os da formação da narrativa — questão que envolve investigações antropológicas, sócio-econômicas, históricas.

O objetivo principal de Todorov, que cita Propp como um dos seus principais precursores[7], é a elaboração de uma teoria da narrativa — o que realizou, primordialmente, na *Grammaire du Décaméron*. Mas

(3) *Ibidem.* pp. 9-10.
(4) *Ibidem.* p. 6.
(5) *Ibidem.* p. 31.
(6) A esse respeito, E. Meletinski ("L'étude structurale et typologique du conte", p. 202) informa:
"Para Propp, a morfologia não constituía uma finalidade em si, e ele não tinha tendência para uma descrição dos procedimentos poéticos por si. Pelo contrário, queria descobrir a especificidade do conto de fadas enquanto gênero, para encontrar em seguida uma explicação histórica para sua uniformidade. O manuscrito [...] compreendia inicialmente um capítulo suplementar no qual o autor se empenhava em dar essa explicação histórica. Esse capítulo não foi incluído no texto definitivo, mas foi desenvolvido posteriormente em uma ampla pesquisa fundamental, *Raízes históricas dos contos de fadas* (Leningrado, 1946)."
(7) Cf. *Grammaire du Décaméron*, p. 17. Além de Propp e dos formalistas russos — traduzidos e editados por ele mesmo (cf. *Théorie de la littérature: Textes des Formalistes russes*, Paris, 1965); Todorov cita ainda: E. Souriau, *Les deux cent mille situations dramatiques*, Paris, 1950; Cl. Bremond, "Le message narratif" e "La logique des possibles narratifs"; e A. J. Greimas, *Sémantique structurale*.

seria indispensável situar essa pesquisa entre as demais produções do autor que constituem seu ideário[8]:

1965 — "L'héritage méthodologique du Formalisme"
1965 — *Théorie de la littérature*: *Textes des Formalistes russes* (tradução e apresentação)
1967 — *Littérature et signification*
1968 — "Poétique". In: *Qu'est-ce que le structuralisme?*
1969 — *Grammaire du Décaméron*
1970 — *Introduction à la littérature fantastique*
1971 — *Poétique de la prose* (trabalhos escritos entre 1964 e 1969)
1972 — *Dictionnaire encyclopédique des sciences du langage* (em co-autoria com Oswald Ducrot).

O denominador comum de Todorov e Propp é a preocupação de ordem metodológica. O modelo, porém, já não é tomado de empréstimo às ciências naturais, mas à lingüística. A hipótese de trabalho é a existência de uma gramática universal, colocando-se assim numa tradição que tem seu representante contemporâneo mais importante em Chomsky[9]. Todorov declara:

"Ela [a gramática] é universal, não só porque está presente em todas as línguas do universo, mas porque coincide com a estrutura do próprio universo"[10].

Estamos diante de uma identificação ontológica bastante fantasiosa: a gramática não é apenas modelo, mas essência do mundo. Na análise das narrativas do *Décaméron*, porém, Todorov não projeta o modelo gramatical sobre ações ou acontecimentos do mundo real, mas sim sobre ações enquanto organizadas num determinado discurso narrativo.

(8) Esta não é uma bibliografia completa, mas seletiva, desde 1965 até os nossos dias, em que se mencionam as obras teóricas mais relevantes desse pesquisador.
A edição *Poétique de la prose* foi precedida pela edição brasileira, que reúne a maior parte dos ensaios: *As Estruturas Narrativas,* trad., Leyla Perrone-Moisés, Ed. Perspectiva, São Paulo, 1969.
(9) Quando se fala em *gramática da narrativa*, tem que se prestar tributo, evidentemente, também ao trabalho de Roman Jakobson, "Poesia da gramática e gramática da poesia". O texto original, em russo, foi publicado em *Poetics Poetyka Poetica,* ed. Academia Polonesa de Ciências, Varsóvia, 1961, pp. 397-417. Trad. *Lingüística. Poética. Cinema.* Ed. Perspectiva, São Paulo, 1970, pp. 65-79.
(10) *Grammaire du Décaméron.* p. 15.

Ao lado dos objetivos e princípios, é preciso examinar os resultados dos dois pesquisadores.

Depois de ter experimentado e comparado inúmeros esquemas de análise, Propp chega a estabelecer um esquema final, onde se inscrevem e de onde podem ser derivados todos os contos examinados. O esquema confirma sua tese geral de que existe uma uniformidade absoluta da estrutura dos contos de fada[11]. Mas de importância igual ou superior a esse resultado é a descoberta de um método para a descrição mais exata de narrativas. O conceito central é o de função, e o esquema geral dos contos de fada é expresso numa seqüência de funções. A *Morfologia* toda consiste numa discussão sobre o relacionamento das funções com os outros elementos da narrativa (motivações, personagens, atributos dos personagens etc.) e com o conto como totalidade.

A avaliação que Todorov faz dos resultados da análise do *Décaméron* contém, eventualmente, uma autocrítica:

"...se é verdade que *essa* gramática particular da narrativa pode ser contestada, isso já não é o caso, a nosso ver, de uma idéia geral que se destaca do conjunto e que implica na existência *da* gramática da narrativa"[12].

Ora, a tarefa de Todorov não era simplesmente afirmar mais uma vez a hipótese de que existe uma gramática universal e, portanto, também uma gramática da narrativa, mas sim: *provar a verdade dessa hipótese no caso particular, concreto, variável, do Décaméron*. A parte questionável do livro é a da interpretação (Todorov não se limita, como Propp, à descrição). Mas a isso voltaremos mais tarde.

A pergunta que agora se impõe é esta: convém estudar os contos de Guimarães Rosa à luz de uma nomenclatura morfológica (funcional) ou gramatical? Seja como for, é preciso prevenir que não pretendemos aplicar mecanicamente — em nosso estudo de Guimarães Rosa — nem a *teoria* narrativa de Propp nem de Todorov. O que nos interessa é o aproveitamento e a adaptação de suas *técnicas* de descrição.

(11) Cf. *Morphologie du conte*, p. 130.
(12) *Grammaire...* p. 84.

Estaríamos mais perto da linha de Propp, mas uma dificuldade se levanta: ele emprega centenas de siglas para classificar seus contos; dada a complexidade muito maior dos contos de Guimarães Rosa, comparados com os contos de fada russos, sua aplicabilidade tornou-se problemática. Daí a escolha do método de Todorov, mais simplificador — como o mostra uma comparação quantitativa das respectivas listas de símbolos empregados para a análise[13]. Mas essa escolha não implicará numa renúncia global a Propp: certas aquisições metodológicas suas serão utilizadas por nós, por exemplo o conceito de *função*.

Para definir uma função, nunca se deve considerar o personagem que executa a ação e nem se pode definir a ação por si, mas somente enquanto significativa para a narrativa. É nesse sentido que devemos entender a grande inovação de Propp em comparação com seus antecessores:

"atos idênticos podem ter significações diferentes [dependendo do contexto] e vice-versa"[14].

Exatamente essa formulação, chamada lei de Propp, vai ser o ponto de partida das conceituações descritivas de Todorov[15]. Ele quer eliminar o risco de "confusão" que vê na distribuição irregular de atos idênticos (passando a chamá-los de "unidades semânticas") em relação às significações *para a narrativa* ("unidades sintáticas")[16]. Essa substituição da formulação de Propp por uma dicotomia semântica-sintaxe, que afeta todo o sistema descritivo de Todorov, talvez não seja muito feliz. Como podemos acreditar aqui numa conceituação mais nítida — Todorov afirma "ter claramente estabelecido a distinção entre sintaxe e semântica" [17] — se o próprio Chomsky declara não dispor de critério seguro para a delimitação exata das duas áreas?[18]

(13) Cf. *Morphologie...* pp. 163-170 e *Grammaire...* p. 7.
(14) *Morphologie...* pp. 30-31.
(15) *Grammaire...* p. 21 e segs.
(16) *Ibidem.* p. 10.
(17) *Ibidem.* p. 23.
(18) "Uma decisão a respeito do limite que separa a sintaxe da semântica (se tal limite existe) não é nenhum pré-requisito para o estudo teórico e descritivo de regras sintáticas ou semânticas. [...] Resumindo: só podem ser discutidos exemplos isolados, dentro de um vácuo teórico." (*Aspects of the Theory of Syntax*, 3.ª ed., Cambridge/Mass, 1970, pp. 159-160).

Não obstante essas críticas, é ao livro de Todorov que devemos a inspiração de aplicar aos contos de Guimarães Rosa um método estrutural. Os 77 contos do ficcionista mineiro serão traduzidos por um número igual de esquemas, relativamente simples, que contenham o "essencial" relativo a personagens, intriga, temas, construção. Essa primeira abstração — substituir 1 500 páginas concretas de texto por 77 esquemas que possam ser transcritos em meia dúzia de páginas — permitirá estabelecer um número reduzido de classes de esquemas, que chamaremos de estruturas.

Diferentemente de Propp, Todorov parte de um sistema já elaborado — da forma de uma gramática, "tal como a conhecemos na tradição clássica européia" [19] — e o projeta sobre a narrativa. O conto todo fica comprimido em uma oração. Mais exatamente: Todorov trabalha antes sobre resumos das novelas do que sobre as próprias novelas. Esses resumos já vão sendo confeccionados com vistas a se deixarem enquadrar em termos gramaticais. (O compromisso com a nomenclatura e com as regras de coesão interna do sistema gramatical é condicionante.) Assim, não existe um conceito dominante, comparável ao de função; é a gramática que fornece os conceitos, distinguindo três categorias primárias: nome próprio, adjetivo, verbo.

O *nome próprio*, que se opõe ao adjetivo e ao verbo, é para Todorov uma categoria essencialmente semântica. Como a sua pesquisa se quer principalmente sintática, ele conceitua a noção sintática correspondente: o *agente*[20]. Claude Bremond pergunta, nas suas "Observations sur la *Grammaire du Décaméron*", se não haveria, então, um emprego redundante de termos[21]. Todorov não ignora o problema e põe-se a despojar o agente de toda propriedade semântica. O agente seria "uma pessoa, mas ao mesmo tempo, ninguém [...], uma forma vazia a ser preenchida pelos predicados"[22].

Já observamos que a distinção rígida entre sintaxe e semântica é pouco esclarecedora. No momento em que atribuo a um signo um valor sintático, posicional ("X age sobre Y"), já está implícito um valor semân-

(19) *Grammaire*. p. 16.
(20) Cf. *Grammaire*, p. 27.
(21) In: *Poétique* 6, (1971). pp. 200-222.
(22) *Grammaire*. p. 28.

tico: "aquele de quem parte a ação, aquele outro que sofre a ação". Como observa Bremond, é injustificado o emprego do conceito de *agente,* quando ele pode significar exatamente o contrário: "paciente"[23].

Outro tópico de discussão é a afirmação, de Todorov, de poder renunciar a qualquer tipologia de agentes, de não precisar falar, como Propp, de "agressor", de "herói" etc. Essas características, diz ele, pertenceriam ao predicado e não ao sujeito[24]. Ora, tal separação de sujeito e predicado é muito duvidosa, uma vez que nega uma das características essenciais da nossa tradição gramatical: a oração é, via de regra, dúplice, isto é, bipartida em sujeito e predicado[25]. Isto equivale a dizer: quem rejeita a tipologia dos agentes se verá obrigado a aceitar uma tipologia de predicados. Qual, então, a vantagem?

O predicado pode ser representado, no sistema da gramática narrativa, tanto pelo verbo quanto pelo *adjetivo.* Evidentemente, eles têm funções diferenciadas. A função do adjetivo é ser atributo, isto é, expressa ("sintaticamente") uma qualidade ou um traço característico. Do ponto de vista semântico, os adjetivos podem ser subdivididos em três grupos: estados, propriedades e estatutos[26].

Bremond critica Todorov por dar importância muito maior ao aspecto semântico do adjetivo do que ao aspecto sintático, contrariando assim a intenção geral do seu livro. Todorov, na verdade, não estaria analisando a sintaxe narrativa do adjetivo, mas repetindo sua definição usual como propriedade de um sujeito. A constatação de que a função do adjetivo na narrativa é indeterminada, faz com que Bremond pergunte se a qualidade não é antes um traço descritivo do que narrativo. E declara: o adjetivo, em si, não tem função narrativa; neste caso pode-se pensar em operar uma redução do adjetivo a uma forma derivada do verbo[27].

Nesse ponto discordamos: a oposição descrição-narrativa é contradita pela nossa experiência comum de ficção narrativa. Podemos verificar, em inúmeros casos,

(23) *Op. cit.* p. 202.
(24) *Grammaire. Loc. cit.*
(25) Cf. por exemplo, A. Gama Kury, *Lições de Análise Sintática,* 4.ª ed., Rio, 1967, p. 17.
(26) Cf. *Grammaire,* pp. 31-32.
(27) Cf. "Observations...", pp. 208-209.

que o discurso narrativo é semeado de elementos descritivos; e que, muitas vezes, o elemento descritivo chamado de "estático" não pode ser arrancado do elemento de ação, ao seu lado, sem desfigurá-lo. Não há, pois, interesse em reduzir todos os predicados à forma de verbo narrativo. Uma vez que se escolheu um modelo gramatical de descrição, aproveitemos as formas que existem para expressar os fenômenos predicativos não-verbais.

Quanto aos *verbos* do *Décaméron,* eles se dividem "sintaticamente" (*sic*) em três categorias, designadas por *a* ("modificar"), *b* ("pecar"), *c* ("castigar"). Vejamos a conceituação do primeiro:

"O verbo *a* é o mais importante dessa compilação de novelas. Não falta em nenhuma delas e, portanto, faz parte da definição mesma do gênero novelesco [...] Pode-se dizer que a história se reduz, de fato, a esse verbo único: ela consiste [...] em encontrar um novo conteúdo semântico ao verbo *a*".

"Seu sentido (sintático) é: modificar a situação, ou, mais exatamente: é uma ação que tem por objetivo modificar a situação. [...] Semanticamente, o verbo *a* é extremamente variado [...] a originalidade de cada novela consiste na descoberta de um novo meio de 'modificar a situação'"[28].

Com isso, Todorov se expõe a sérias críticas de Bremond, que denuncia a diferença de abstração entre o verbo *a,* de um lado, e os verbos *b* e *c,* do outro lado. *a* ("modificar") é um conceito tão genérico que se torna vazio e não caracteriza mais nada: "é uma espécie de noite, onde todos os gatos são pardos"[29]. Com justa razão, Bremond pergunta por que Todorov, que encontrou também os verbos *b* ("pecar") e *c* ("castigar"), não constituiu, conseqüentemente, o sistema inteiro das funções narrativas do *Décaméron.*

Isto, sim, levaria a uma interpretação da obra de Boccaccio. Ora, não se estabelecendo na íntegra o léxico predicativo das narrativas escolhidas como objeto de estudo, só resta fazer *conjeturas* interpretativas. Nesse caso, não vemos substancial diferença de Todorov com os praticantes da crítica impressionista — cuja posição é resolutamente condenada pelos adeptos do cientificismo literário.

(28) *Grammaire.* pp. 34-35.
(29) "Observations". p. 205.

Esta apresentação sucinta e discussão das categorias principais da gramática narrativa segundo Todorov já torna possível passar-se à prática. O sentido desta discussão foi sondar o grau de adaptabilidade de tal sistema descritivo. Segundo o que foi exposto, o método da gramática narrativa não se aplica indiscriminadamente a qualquer tipo de ficção; mas tem uma vantagem sobre os demais métodos quando se trata de analisar um grande número de narrativas sob um ponto de vista sintetizador. Nosso objetivo a respeito dos contos de Guimarães Rosa é dar uma breve descrição de cada conto individual, e depois agrupar as observações para deduzir as características gerais de sua poética, a níveis de abstração maior ou menor, conforme a necessidade.

Contudo, há vários pontos em que a nossa utilização da gramática narrativa difere do método de Todorov: 1) não faremos o seu tipo de separação entre sintaxe e semântica; 2) não hesitaremos em empregar conceitos de Propp ou conceitos tradicionais de análise, sempre que forem adequados; 3) não forneceremos um sistema de descrição pronto; procuraremos mostrar, ao contrário, como se desenvolve uma descrição sistemática. Finalmente, à diferença de Todorov, não pretendemos elaborar nenhuma nova teoria da narrativa mas, partindo de uma experimentação de técnicas formais de descrição, contribuir para enriquecer as propostas já existentes.

3
DELITO E SANÇÃO
(SAGARANA)

Iniciaremos a análise dos contos de Guimarães Rosa, em termos de uma gramática narrativa, com os nove contos de *Sagarana*[1]. A análise compreende os seguintes passos:

1) Um resumo para cada conto, ou seja, a partir do texto de cada narrativa, a extração da fábula. O

---

(1) 1.ª ed., 1946. As citações referem-se à 8.ª ed., 1967.

texto, portanto, é reduzido a uma seqüência das grandes unidades constitutivas.

Para *fábula* existem várias definições. Segundo Lämmert, "o fundamento mais genérico da narração é a existência de uma ação [...] ou de uma seqüência de acontecimentos". Dessa ação ou "simples história" ele distingue a fábula, "que já inclui momentos essenciais de construção"[2]. Lämmert baseia-se em teorias anglo-americanas da narrativa (Forster, Muir, Shipley), em que *story* e *plot* seriam o correspondente de *história* (*Geschichte*) e *fábula* (*Fabel*). Kayser, ao contrário, define a fábula como quase sinônimo de resumo: "Se tentarmos reduzir o decorrer da ação ao máximo grau de concisão, ao seu simples esquema, obtemos o que a ciência literária costuma designar por *fábula* (*Fabel*) de uma obra"[3]. Uma terceira posição é a dos formalistas russos; Eikhenbaum diferencia *sujet* (= construção) de *fable* (= material)[4].

Nossa própria concepção de *fábula* abarcará todo esse espectro de significações: resumo, intriga, conjunto de material, construção. *Fábula* poderá, então, ser utilizado como sinônimo de "conjunto das grandes unidades constitutivas da narrativa" ou "macrounidades", em oposição às "microunidades" ou unidades estilísticas.

2) A seguir, proceder-se-á à transformação de cada fábula em uma oração de gramática narrativa que, por sua vez, será codificada em linguagem de fórmulas. Lembramos que, tanto para Propp quanto para Todorov, a linguagem formal tem a função de facilitar a comparação dos esquemas narrativos de um conjunto de contos. Serve de linguagem operacional para discernir repetições, paralelismos, variações ou contrastes entre os constituintes de todas as fábulas.

3) O último passo da análise é o estudo comparativo das fórmulas, o que implica um comentário da estrutura narrativa do livro e um esboço de interpretação.

Paralelamente ao estabelecimento das fábulas, das orações narrativas e codificações, procurar-se-á elabo-

---

(2) *Bauformen des Erzählens.* Stuttgart, 1957. p. 24.
(3) *Das sprachliche Kunstwerk.* 8.ª ed., Berna, 1962. p. 77.
(4) "La théorie de la 'méthode formelle' ". In: *Théorie de la littérature. Textes des Formalistes russes.* Trad. e ed. T. Todorov. Paris, 1965. p. 55.

rar o léxico dos constituintes da poética narrativa de Guimarães Rosa.

Concretizemos agora a descrição de *Sagarana*, segundo as grandes unidades narrativas, começando pelo conto "Duelo". Em primeiro lugar, um resumo da narrativa:

O capiau Turíbio Todo testemunha a traição de sua mulher com o ex-militar Cassiano Gomes, e faz planos de vingança. Todavia, a bala destinada a matar Cassiano (de costas) não acerta o adúltero, mas sim seu irmão, inocente. Cassiano põe-se a perseguir Turíbio para vingar o assassínio do irmão. T. refugia-se no sertão, acossado por Cassiano. Durante meses trava-se uma luta aferrada, em que cada um é ao mesmo tempo perseguidor e perseguido. Algumas vezes os duelistas se desencontram por um fio. Cassiano cai gravemente doente, mas antes de morrer, ajuda com generosidade a um capiau que vive na miséria, chamado Vinte-e-Um. Turíbio, ao saber da morte do adversário, fica contente e põe-se a caminho de volta para sua mulher. Vinte-e--Um, porém, o identifica e mata, cumprindo assim a vingança que prometera a Cassiano.

O resumo não pretende ser objetivo — julgá-lo nesses termos não faz sentido, pois se trata de uma *escolha* — mas também não é arbitrário, uma vez que não se omitiu nenhuma das grandes unidades constituintes do conto.

Entretanto, esse resumo ainda é complexo demais para ser expresso em fórmulas. Seria, então, o caso de preparar a "formulização" por um estudo das *funções*.

A ação que desencadeia a intriga é o adultério cometido por Cassiano. Pela reação que provoca, esse episódio se reveste de um "alcance significativo no desenrolar da intriga" (reencontramos, nesses termos, a própria definição de função segundo Propp). O adultério (primeira função narrativa) provoca em Turíbio o desejo de vingança (segunda função narrativa).

Ora, o projeto de vingança não chega a ser executado, e se o fosse, terminaria aí a história. O que de fato acontece, é um homicídio, cometido por engano (e por covardia, uma vez que Turíbio atirou em alguém que lhe dava as costas). O marido ofendido pelo adultério passa a ser autor de um crime: essa é a terceira função narrativa, pois desencadeia outro desejo de vingança, desta vez por parte de Cassiano — o que vem a constituir a quarta função narrativa.

Com as respectivas agressões (adultério, homicídio) e os conseqüentes desejos de vingança, está armada a situação de duelo: cada um procura eliminar o outro. Com todas as suas peripécias isso vem a constituir a quinta função narrativa. É preciso ressaltar que durante o duelo (que ocupa a parte central do conto e o maior número de páginas) não surge nenhuma função qualitativamente nova. O interesse dessa parte do conto consiste na exploração variada de um mesmo tema.

Um elemento novo, sexta função narrativa, surge apenas no momento em que Cassiano cai doente e morre. Indiretamente, o autor da morte é Turíbio, responsável pelas andanças forçadas, privações, constante tensão de emboscada e a exaustão em que vivia seu inimigo. Nessa altura, uma das duas seqüências abertas — a saber "conseguirá Turíbio realizar sua tentativa de vingança?" — chega ao desenlace.

Resta em aberto a outra seqüência, a eficácia das tentativas de vingança de Cassiano. A resposta também é, como sabemos, a vingança cumprida: a última função narrativa consiste na morte do assassino. Mas, como Cassiano já não pode ser pessoalmente autor dessa vingança, foi introduzida uma função intermediária: ao morrer, Cassiano deixara preparado um plano. Pela ajuda generosa mas nada desinteressada que dá a um miserável capiau, ele o compra para executar a vingança. A sétima função narrativa, portanto, é um ato engenhoso intentando o empate numa situação já desesperada. Essa interpretação do ato de Cassiano pode parecer um tanto arbitrária: por que não classificá-lo entre as várias tentativas de cumprir a vingança, quer dizer, como recorrência da quinta função narrativa? Por mais de uma razão: a ação de Cassiano introduz na estória a presença de um terceiro personagem, indispensável ao desfecho; além disso, ao lado da sua função pragmática (matar o inimigo), a ação de Cassiano evidencia um comportamento particularmente caro ao Autor, na criação dos seus protagonistas: o ato astuto. (E não por coincidência, pode-se evocar, a esse respeito, a famosa frase de Riobaldo: "Sertão é onde manda quem é forte, com as astúcias").

Para conservar uma certa economia na transcrição formal, vários personagens secundários não serão levados em conta. A mulher de Turíbio e o irmão de Cassiano, por exemplo, não precisam constar explicitamente da fórmula, uma vez que sua presença está implícita nas funções "adultério" e "assassínio". Conservaram-se apenas as três figuras mais importantes: Turíbio, Cassiano e o capiau Vinte-e-Um.

Resta-nos ver segundo qual sintaxe essas oito funções — ou orações narrativas, na terminologia de Todorov — se encadeiam. Entre a primeira e a segunda oração existe uma relação lógica ou causal: Cassiano comete adultério com a mulher de Turíbio, *por isso,* Turíbio sente-se ofendido e planeja a vingança. A relação causal é freqüente em "Duelo" onde aparece ao todo cinco vezes. Entre as orações 6 e 7 (v. quadro abaixo) há simultaneidade: *no momento em que* Cassiano morre, deixa sentenciada a morte de Turíbio, subornando o capiau Vinte-e-Um. Propp e Todorov falariam aqui de relação espacial ou paralela. Resta ainda a conjunção entre a segunda e a terceira oração: Turíbio deseja vingar-se, matando Cassiano; *porém,* assassina, sem querer, o irmão de Cassiano. Temos que introduzir na descrição a conjunção adversativa, inexistente na classificação de Todorov (que distingue apenas relações causais, paralelas e temporais).

Dispondo agora de todas as "grandes" unidades que constituem a fábula de "Duelo", vamos recapitular e transcrevê-las sob forma de uma seqüência normificada:

1) Cassiano comete adultério [com a mulher de Turíbio], por isso
2) Turíbio deseja vingar-se, matando Cassiano, porém,
3) Turíbio comete assassínio [mata o irmão de Cassiano], por isso
4) Cassiano deseja vingar-se, matando Turíbio; daí decorre
5) o duelo: Cassiano e Turíbio tentam matar-se, um ao outro; em conseqüência disso
6) morre o adúltero
   mas ao mesmo tempo
7) ele age astuciosamente [contratando um ajudante, Vinte-e-Um], resultado:

8) Vinte-e-Um mata o assassino.

A linguagem em que foi escrita essa fábula é intencionalmente simples e repetitiva; não se procurou fazer uma bela e sugestiva paráfrase, que via de regra encaminha, antes da hora, uma interpretação personalíssima. Trata-se aqui de uma normificação com vista a um objetivo mais amplo: a codificação de todos os contos em linguagem formal. Não é questão de se querer "deformar" o conto ou negar-lhe um leque de conotações. É um processo de abstração indispensável para estabelecer os esquemas de todas as narrativas e, a partir dessa totalidade, discernir o que seria a poética narrativa de Guimarães Rosa. A redução do conto, apesar de extrema, não deixa de conservar todos os elementos constitutivos da fábula, que fazem com que a narrativa "Duelo" se diferencie e seja reconhecida entre todos os outros 76 contos de Guimarães Rosa.

Codificaremos em primeiro lugar os *verbos* narrativos. Desde logo, vê-se que, entre os oito verbos da fábula, há vários idênticos ou semelhantes, que poderão ser assim agrupados:

I) Os predicados 2 e 4 ("desejo de vingança") são idênticos;
o predicado 5 ("tentativa de vingança") é apenas outra modalidade do predicado 2;
os predicados 6 e 8 ("cumprimento da vingança") também são apenas modalidades do mesmo predicado.
Agrupamos, assim, cinco verbos em torno de uma mesma significação-núcleo. Restam três:

II) Os predicados 1 e 3 ("adultério" e "assassínio"), embora bastante diferentes, têm, dentro do sistema significativo do conto, uma função comum: ambos são atos de agressão ou delitos. Há entre eles apenas uma diferença de grau.

III) Quanto ao último predicado, 7 ("ato astucioso"), aparece apenas uma vez.

Os oito verbos da fábula, portanto, podem-se reduzir a apenas três, fundamentalmente diferentes entre si e não mais redutíveis, sob pena de o conto ficar irreconhecível.

Para codificá-los, adotamos o sistema de trans-

crição usado por Todorov, onde cada verbo diferente é designado por uma letra minúscula do alfabeto. Assim, designaremos, pela ordem de aparecimento:
— por *a*, o verbo "agredir", "cometer um delito"
— por *b*, o verbo "vingar" ou "castigar"
— por *i*, o verbo "cometer um ato astucioso"[5].

Para distinguir entre os diversos empregos dos verbos *a* e *b*, tornam-se necessários alguns signos auxiliares. Uma variante semântica será anotada por meio de um número colocado no alto da letra. Assim:

a : "cometer um delito"
a^1: "assassinar"
a^3: "cometer adultério"[6].

Ao verbo *b* demos a denominação "castigar", sendo que no caso concreto de "Duelo" encontramos explicitamente a ação "vingar", "matar". "Castigar" é uma designação mais abstrata, mais genérica, que antecipamos, a partir do conhecimento do sistema total das funções narrativas[7]. O signo *b* genericamente designa o verbo "castigar". Sua variante específica em "Duelo", "vingar por morte", será designada por b^1. Entre as modalidades desse verbo, distinguem-se:

— o desejo (funções 2 e 4)
— a tentativa (função 5)
— a repetição (função 5)
— a voz ativa e a voz passiva.

Para anotar o desejo, adotamos a codificação de Todorov: ( ) *opt*. Contudo, ao invés de colocar o elemento modal após o parêntese (dentro do qual se encontra o verbo principal), colocá-lo-emos anteriormente, obtendo:

opt (b^1): "desejo de vingança".

(5) Normalmente o terceiro verbo deveria ser *c;* mas não o designamos assim para reservar — dentro do conjunto dos verbos narrativos de todos os contos de *Sagarana* — o terceiro lugar a outro verbo mais freqüente do que este.
(6) Por que a^3 e não a^2? Pela mesma razão acima exposta: deixar no sistema lugares a serem preenchidos mais tarde, com os elementos dos outros contos.
(7) Chegamos a esse sistema só depois da experiência global com todos os contos de *Sagarana*, depois de repetidas mudanças na codificação por força de elementos novos que surgiram na análise dos restantes contos e que modificaram o sistema. Para poupar ao leitor esses caminhos de procura, erros, reorientação e reajustes, ele será levado aqui por um trilho que já nos é familiar. Todorov expõe sua gramática como uma coisa pronta. Optamos, ao contrário, por não mostrar uma gramática narrativa estabelecida, mas por explicar como se chega a constituir tal sistema, achando que assim a experiência poderá mais facilmente ser transposta a problemas análogos ou adjacentes.

Para transcrever a tentativa, introduzimos após o verbo o sinal de apóstrofe. Assim:

$b^{1'}$: "tentativa de vingança" ou "tentativa de matar por vingança".

Para expressar a repetição, assinalou-se junto ao verbo, abaixo, um número e, entre cada dois termos, o sinal $+$. Reproduzindo, por exemplo, a quinta função narrativa de "Duelo", temos:

$$b^{1'}_1 + b^{1'}_2 + \ldots + b^{1'}_{n-1} + b^{1'}_n$$

o que significa: "diversas tentativas de matar por vingança".

Para distinguir entre a voz ativa e a voz passiva do verbo, introduzimos a seguinte transcrição: o verbo *após* o personagem significa "voz ativa", e o verbo *antes* do personagem significa "voz passiva"

Xb^1: "X mata por vingança"
b^1X: "X é morto por vingança".

A codificação dos personagens é simples. Designamos Turíbio por X, Cassiano por Y e o capiau Vinte-e-Um por Z.

As conjunções sintático-narrativas serão expressas da seguinte maneira:

$\rightarrow$ relação causal
$+$ relação temporal ou aditiva
$\genfrac{}{}{0pt}{}{\text{verbo 1}}{\text{verbo 2}}$ (sobrepostos) relação paralela ou simultânea
$\leftarrow$ relação adversativa.

Nos dois primeiros signos seguimos a anotação de Todorov, no terceiro a de Propp.

Uma vez traduzidas todas as grandes unidades narrativas de "Duelo" em linguagem formal, podemos transcrever a fábula codificada na íntegra:

$Ya^3 \rightarrow Xopt(b^1Y) \leftarrow Xa^1 \rightarrow Yopt(b^1X) \rightarrow Yb^{1'}_1 + Xb^{1'}_2 + \ldots + Yb^{1'}_{n-1} + Xb^{1'}_n \rightarrow {}^{b^1Y}_{Y^1} \rightarrow Zb^1X.$

Leia-se: Cassiano (Y) comete um delito de adultério (a^3); por isso ($\rightarrow$), Turíbio (X) deseja (opt) castigá-lo, matando-o (b^1Y). Porém ($\leftarrow$), Turíbio assassina o irmão de Cassiano, inocente, o que é, por seu lado cometer um delito (a^1). Por causa disso, Cassiano deseja vingar-se, matando Turíbio. A partir daí, há várias tentativas (') de cumprir a vingança, do lado de ambos os adversários $(b^{1'}_1 + b^{1'}_2 + \ldots + b^{1'}_{n-1} + b^{1'}_n)$. A conseqüência: Cassiano morre (b^1Y), mas, concomitantemente, prepara um golpe astucioso (Yi). Resultado: Vinte-e-Um (Z), a soldo de Cassiano, cumpre a vingança, matando Turíbio (Zb^1X).

Assim codificada, a fábula de "Duelo" fará parte, mais adiante, de um quadro sinótico reunindo as demais fábulas de *Sagarana*.

A aplicação de uma gramática narrativa ao primeiro conto, "Duelo", teve caráter de exemplo e de introdução ao método e, por isso, foi exposta meticulosamente. Daqui por diante, ao proceder à redução estrutural e codificação dos restantes contos de *Sagarana*, abreviaremos e aceleraremos o procedimento, detendonos apenas quando surgirem problemas e quando se fizer necessário introduzir novas siglas de codificação.

Continuemos com o conto "O Burrinho Pedrês".

RESUMO: *Sete de Ouros, um burrinho já idoso, é escolhido para servir de montaria num transporte de gado. Um dos vaqueiros, Silvino, está com ódio de Badu, que anda namorando a moça de quem Silvino gostava. Corre o boato, entre os vaqueiros, de que Silvino pretende vingar-se do rival. De fato, Silvino atiça um touro e o faz investir contra Badu que, porém, consegue dominá-lo. Os vaqueiros continuam murmurando que Silvino vai matar Badu. A caminho de volta, este, bêbado, é o último a sair do bar e tem que montar no burro. Anoitece e Silvino revela a seu irmão o plano de morte. Contudo, na travessia do Córrego da Fome, que pela cheia transformara-se em rio perigoso, vaqueiros e cavalos se afogam. Salvam-se apenas Badu e Francolim, um montado e outro pendurado no rabo do burrinho.*

O resumo evidencia bem os limites da redução estrutural: além de excluir os requintados recursos estilísticos de Guimarães Rosa, deixa de lado diálogos, descrições e pequenas estórias inseridas na narrativa principal. Relembramos que numa primeira caracterização de tão grande número de narrativas é impossível levar em consideração esse tipo de variações individuais. Em torno da intriga (armação, desenrolar-se, desenlace) agruparemos as demais observações.

Entre os predicados de "O Burrinho Pedrês" identificamos um verbo já conhecido da fábula de "Duelo": o desejo de Silvino vingar-se, matando Badu. Como codificá-lo: b^1 ("vingança mortal") ou a^1 ("assassínio")? Temos aqui um bom exemplo para ilustrar a descoberta de Propp: atos idênticos (vingança) podem ter significações diferentes. De fato, este conto não focaliza a vingança como castigo (como ocorre em "Duelo"): ela é apenas uma motivação, elemento secundário, para introduzir o projeto de assassínio (o delito), elemento principal e função inicial do conto. Portanto, temos que codificar:

a^1: "cometer um delito: assassinar".

A lei de Propp também vale em sentido inverso: atos diferentes podem ter significação idêntica. Assim, tivemos em "Duelo" o ato "Cassiano mata Turíbio", com a codificação b^1 ("castigo mortal"). Em "O Burrinho Pedrês" ocorre um ato diferente: "os vaqueiros morrem afogados" (um acidente); mas é claro que para Silvino, assassino virtual, esse acontecimento se reveste da significação b^1 ("castigo mortal").

Estes são os novos elementos de codificação para "O Burrinho Pedrês":

c: "ajudar", "salvar" (o burrinho salva Badu do afogamento)

d: o *verbum dicendi,* que expressa elementos como "corre o boato", "continuam murmurando", "revela". Exemplo: $d(Yopt(a^1X))$: "diz-se que Y deseja assassinar X"

—: "morrer" (os vaqueiros se afogam; no caso específico de Silvino, essa morte tem a significação de "castigo")

fut: expressa o tempo futuro do verbo. Exemplo: $Yd(^{fut}a^1X)$: "Y diz que vai matar X".

O esquema dos personagens é análogo ao de "Duelo". Designaremos por X, Badu, por Y, Silvino, e por Z, o "terceiro" personagem ou ajudante, que é o burrinho pedrês. Mas há ainda o grupo de vaqueiros, com-

panheiros de Badu e Silvino; esse personagem coletivo
será expresso por W_s (s = soma).

A fábula codificada de "O Burrinho Pedrês" apresenta-se assim:

$$W_s d_1(Yopt(a^1X)) + Ya^{1\prime}X \to W_s d_2(Yopt(a^1X)) + Yc_3(^{fut}a^1X) +$$
$$-W_s, b^1Y, ZcX.$$

Leia-se: Os vaqueiros (W_s) dizem (d_1) que Silvino (Y)
pretende (opt) assassinar Badu (a^1X). Silvino tenta fazê-lo ($Ya^{1\prime}X$). Por isso ($\to$), os vaqueiros continuam
a suspeitar ($W_s d_2$...). O próprio Silvino revela [confidencialmente] o seu plano ($d(^{fut}a^1X)$). Acontece que
os vaqueiros morrem (—) [afogados numa enchente],
entre eles Silvino, que assim é castigado (b^1Y), ao passo que o burrinho pedrês (Z) salva Badu (cX).

O próximo conto será "Conversa de Bois".

RESUMO: *Pelo sertão anda um carro de bois: na
frente, Tiãozinho, o menino guia; logo atrás, as quatro
juntas com os oito bois, e em cima do carro, Agenor Soronho. Eles carregam o caixão com um defunto, o pai de
Tiãozinho. Por doença e morte do pai, Tiãozinho ficou
totalmente dependente de Agenor, que sustenta sua família, apenas, porém, com o interesse de ter a mãe de Tiãozinho como amante. Constantemente nesse percurso,
Agenor faz Tiãozinho sofrer e aguilhoa brutalmente os
bois. O menino vai triste e enraivecido. Durante todo o
percurso os bois conversam entre si, sobre a opressão dos
bois pelo homem e a possibilidade de vencer sua superioridade. Sentem-se solidários com o menino, exausto
pelo calor e pelas fadigas do caminho. De repente, jogam-se bruscamente para adiante: Agenor, cochilando,
cai e é esmagado pela roda.*

Os verbos da fábula de "Conversa de Bois" são
quase todos conhecidos a partir dos dois contos anteriormente analisados:

a^3: "cometer adultério" (Agenor com a mãe
de Tiãozinho)

$opt(b)$: "desejo de castigar" (expresso tanto por
Tiãozinho quanto pelos bois, em relação
ao opressor)

b^1: "castigar mortalmente"

c: "ajudar" (os bois matam Agenor e assim libertam Tiãozinho da maldade)
d: *verbum dicendi,* designando aqui a "conversa" dos bois.

Há apenas um verbo novo, a função narrativa central:
a^4: "agredir: fazer sofrer, explorar, oprimir, maltratar".

Torna-se necessário acrescentar aos verbos a dimensão do pretérito, sendo que algumas das más ações de Agenor são apenas referidas e anteriores ao tempo de narração do conto. Assim:
$Y^{pret}a^3$: "Y cometeu adultério".

Quanto aos personagens, são assim codificados:
X: Tiãozinho
Y: Agenor Soronho
Z_s: o ajudante, no caso, um personagem coletivo: os bois.

Com isso, dispomos dos elementos para transcrever a fórmula da fábula. Daqui por diante já podemos remeter à Tabela 1 (p. 56), que vem acompanhada de uma ajuda de leitura.

"A Volta do Marido Pródigo (Lalino Salãthiel)"

RESUMO: *Lalino, um mulato muito vivo, ajudante numa construção de estrada, não gosta do trabalho. Abandona sua mulher e o meio rural para procurar na capital a felicidade com que sonha: bonitas mulheres à vontade, iguais às que vira em revistas. Depois de algum tempo, cansa-se e fica com saudades: volta. Mas sua mulher, Maria Rita, agora vive com outro. Lalino quer ganhar de volta a consideração do povo e a mulher. Oferece-se uma oportunidade: cooperar como cabo eleitoral do Major com vistas a ganhar as eleições próximas. Graças a uma série de artimanhas que, no primeiro momento, parecem ser desastrosas para a política do Major, mas que na verdade são intrigas muito hábeis contra o adversário político, Lalino garante o sucesso eleitoral do patrão. Por seu intermédio, reconcilia-se com Maria Rita.*

Codificação: Introduzimos aqui uma segunda forma de predicado: o *adjetivo* da gramática narrativa. Enquanto o verbo designa a ação ou o acontecimento, o adjetivo indica o estado ou estatuto ou ainda a qualidade do personagem. Em "A Volta do Marido Pródigo" temos um exemplo de narrativa constituída por um estado inicial de equilíbrio (a vida conjugal de Lalino e de sua mulher), que é rompido (pelo adultério de Lalino) e, pelo *happy end,* restabelecido. Na codificação atribuímos, como Todorov, letras maiúsculas aos adjetivos (que podem ser estados):

B: genericamente: "relacionamento entre homem e mulher"

B^2: "casamento, vida conjugal"

B^4: "prostituição"[8].

Os adjetivos (sempre entendidos como adjetivos da gramática narrativa) podem formar orações do tipo:

XB^2Y: "X é casado com Y"

$XoptB^4$: "X deseja divertir-se com mulheres da vida".

As demais codificações novas são: o verbo

b^2: "castigar" (no sentido de uma sanção menos severa que a morte)

e os sinais auxiliares

$=$ igualdade

$-$ negação. Assim, por exemplo:

$Yb^2X = Y\text{-}optB^2X$: "Y castiga X, não querendo voltar a conviver com ele".

Os personagens, nesse conto, reduzem-se (para a fórmula) a dois: X (Lalino) e Y (Maria Rita).

"Sarapalha"

RESUMO: *Primo Ribeiro e primo Argemiro, ambos sofrendo de malária, são os únicos habitantes do vau da Sarapalha, lugar dizimado pela epidemia e abandonado pelos demais moradores. Sujeitos a periódicos ataques de febre, cada vez mais sérios, esperam a morte. Saudosamente, evocam a lembrança da bela Luísa, mulher de primo Ribeiro que, ao manifestar-se a malária, tinha-o abandonado por causa de outro. Argemiro, que deseja morrer de consciência tranqüila, confessa*

---

(8) Por que B e não A para o primeiro adjetivo? Inicialmente planejamos designar por A ($A1$, $A2$ etc.) a classe social a que pertencem os protagonistas. Depois, abandonamos a idéia porque o índice de classe social teria tornado as fórmulas excessivamente complexas e de verificação mais dificultosa.

ao primo que a sua mudança para a casa de Ribeiro foi motivada pela atração que sentia por Luísa. Ribeiro reage amargamente e se mostra implacável: manda Argemiro embora na hora em que começa a agonia.

Codificação: Também neste conto, uma parte dos predicados é constituída por adjetivos: um estado inicial (a amizade entre Ribeiro e Argemiro, codificação: R) se dilui, transformando-se em sua negação (fim da amizade, codificação: $-R$). R é um signo especial; difere dos outros adjetivos pelo fato de não ter significado fixo. B, por exemplo, significa sempre "relacionamento entre homem e mulher", mas R significa, apenas neste conto, "amizade" (noutro conto, terá carga semântica diferente). Utilizamos o adjetivo R para designar estados ou qualidades que aparecem apenas uma vez ao longo dos 77 contos, isto é, para uns poucos adjetivos que não chegam a ser representativos. Suprimi-los simplesmente, deixar vazio o seu lugar, não seria uma solução porque assim a tal ponto se lesaria o esquema do conto que ficaria irreconhecível. R, comparável à função de um trunfo num jogo de cartas, é um substitutivo de vários conteúdos semânticos.

Existe em "Sarapalha" um segundo adjetivo, com significação fixa:

C^3: "sintoma de subdesenvolvimento: doença".

Trata-se de uma conceituação mais geral que se justifica pela extrema importância que a malária ocupa no conto. Os moradores do vau da Sarapalha, lugarejo no sertão, não têm recursos para enfrentá-la com medidas adequadas (atendimento médico e saneamento do local), como seria o caso numa comunidade desenvolvida. Ao invés disso, resignam-se a abandonar o lugar. Os dois adjetivos R e C^3 integram, no contexto da fábula de "Sarapalha", as seguintes orações:

XC^3RYC^3: "Ribeiro, doente, vive em amizade com Argemiro, doente"

C^{3fut}—X,Y: "a doença matará Ribeiro e Argemiro"

—X -R: "Ribeiro morre sozinho, sem amizade"

—Y -R: "Argemiro morre sozinho, sem amizade".

"Minha Gente"

RESUMO: *O protagonista-narrador, um moço, está de visita na fazenda do tio, empenhado em ganhar as eleições locais. O moço se apaixona por Maria Irma, sua prima, e lhe faz uma declaração, a qual ela não corresponde. Um dia, ela recebe a visita de Ramiro, noivo de outra moça, segundo ela diz, e o moço fica com ciúmes. Para atrair o amor de Maria Irma, ele finge namorar uma moça da fazenda vizinha. Porém, o plano falha — tendo como efeito secundário, não--calculado, a vitória do tio nas eleições — e o moço deixa a fazenda. Na visita seguinte, Maria Irma apresenta-lhe Armanda. É amor à primeira vista; ele se casa com a moça, e Maria Irma, por sua vez, se casa com Ramiro*[9].

Codificação: o predicado dominante é o adjetivo duplo:

B^1: "namoro"

B^2: "casamento"

(ambos são especificações de B: "relacionamento entre homem e mulher").

Os personagens e suas siglas são:

X: o moço

Y: Maria Irma

W_1: Armanda

W^2. Ramiro[10].

"São Marcos"

RESUMO: *Um médico, novo, recém-chegado a um vilarejo do interior mineiro, vive caçoando do curandeiro e feiticeiro local, João Mangolô. Um dia, quando o médico sai para uma caçada, insulta sem motivo o curandeiro. No mato, de repente, sua visão se turva e ele não mais consegue enxergar. Tateando, com grande esforço, consegue voltar ao vilarejo. Tinha sido vítima de um feitiço de vingança do outro. Depois dessa lição, ambos fazem as pazes.*

---

(9) Há uma intriga secundária: Bento Porfírio comete adultério com a mulher de Alexandre. Um dia, Alexandre mata Bento. — Este episódio secundário, bem como o da eleição, não entrará na codificação.

(10) A codificação para esses últimos é W e não Z, porque esta sigla já ficou reservada para designar o personagem que comumente tem a função de ajudante, o que não é o caso.

Codificação: O enredo comporta dois agentes (*X*: o moço, *Y*: o feiticeiro) e quatro verbos:

a^4: "agredir: maltratar, insultar"
b^2: "castigar" (sem ser o castigo mortal)
i: até agora: "ato astucioso". Ampliaremos o campo semântico desse verbo, acrescentando a significação "fazer um esforço", "lutar" (o moço consegue quebrar o feitiço de João Mangolô).
r: aqui: "fazer as pazes"[11].

Mas, ao lado desse enredo, o conto "São Marcos" tem características estilísticas excepcionais, que lhe conferem uma posição de relevo entre os contos brasileiros publicados até então. Inserido na narrativa, encontra-se um poema-desafio do protagonista-narrador a um poeta tradicional:

"Sargon
Assarhaddon
Assurbanipal
Teglattphalasar, Salmanassar
Nabonid, Nabopalassar, Nabucodonosor
Belsazar
Sanekherib".

(*Sagarana*, p. 235)

É um dos exemplos mais eloqüentes de como Guimarães Rosa procura utilizar a função poética ou, nos seus próprios termos, o "canto e a plumagem" das palavras, dentro da linguagem narrativa.

A pergunta que se impõe, naturalmente, é esta: que tem a ver com a intriga do médico e do feiticeiro esse "rol de reis leoninos", essa Torre de Babel tipográfica, concretista? Nada. O fenômeno observado aqui pode ser verificado várias vezes na primeira fase da criação literária de Guimarães Rosa. Desafiando o postulado aristotélico da unidade e organicidade da obra literária, poderíamos, então, avançar o seguinte: alguns contos que compõem o livro de estréia de Guimarães Rosa manifestam um duplo impulso criador — um mais fabulador, outro mais lingüístico-experimental — e nem sempre estão ambos organicamente inter-relacionados.

(11) O signo *r*, correspondente verbal do adjetivo *R*, é um substitutivo de vários significados verbais; é colocado no lugar de um verbo que aparece apenas uma vez ao longo das 77 narrativas.

"Corpo Fechado"

RESUMO: *O narrador, médico num vilarejo do interior, é convidado por Mané Fulô para ser padrinho de casamento. Mané detesta qualquer tipo de trabalho e passa o tempo a contar histórias para o doutor: de valentões; de ciganos que ele, Mané, teria ludibriado na venda de cavalos; de sua rivalidade com Antonico-das-Pedras, o feiticeiro. Mané possui um cavalo, Beija-Fulô, e Antonico é dono de uma bela sela mexicana; cada um dos dois gostaria muito de adquirir a peça complementar. — Aparece Targino, o valentão do lugar, e anuncia cinicamente que vai passar a noite antes do casamento com a noiva de Mané. Este fica desesperado; ninguém pode ajudá-lo, pois Targino domina o lugarejo. Aparece, então, Antonico e propõe um trato a Mané: vai "fechar"-lhe o corpo, mas exige em pagamento o cavalo. Mané só pode consentir. Em seguida, enfrenta Targino e o mata. O casamento realiza-se sem problema.*

Na codificação, o único elemento novo é o verbo a^2 ("cometer um delito: violar"), que representa a ameaça proferida por Targino.

Último conto de *Sagarana* é "A Hora e Vez de Augusto Matraga".

RESUMO: *Nhô Augusto é, de toda a região, o maior valentão: gosta de briga e de deboche, tira as namoradas e mulheres de outros, não se preocupa nem com sua mulher nem com sua filha e deixa sua fazenda arruinar-se. Um dia, sobrevém o castigo: a mulher o abandona; seus capangas, mal pagos, se põem a serviço de seu maior inimigo. Nhô Augusto quer vingar-se, mas seus inimigos o atacam de surpresa e o espancam; por pouco não morre. Todo ferido, é encontrado por um casal de pretos que o tratam; aos poucos se restabelece. Matraga começa, então, uma vida de penitência: com os velhinhos vai longe até um lugarejo bem afastado e lá trabalha duramente de manhã à noite, é manso servidor para todo mundo, reza e se arrepende de sua vida anterior. Um dia, passa o bando do destemido jagunço Joãozinho Bem-Bem, que é hospedado por Matraga com grande dedicação. Quando o chefe dos jagunços lhe faz a proposta de integrar-se à tropa e receber qualquer ajuda deles, Matraga vence a tentação e recusa. Quer ir para o céu, "nem que seja a porrete", e sonha com um "Deus valentão": Um dia, já recuperada a sua força, despede-se dos velhinhos. Chega a um lugarejo onde reencontra o bando de Joãozinho Bem-Bem, prestes a executar uma cruel vingança contra a família de um assassino que fugira. Augusto Matraga opõe-se ao chefe dos jagunços. No duelo ambos se matam. Nessa hora, Nhô Augusto é identificado por seus antigos conhecidos.*

Codificação: O verbo a ("agredir", "cometer um delito") apresenta-se em forma escalonada:

$a^{1,2,3,4}$: "assassinar, violar, cometer adultério, maltratar". Expressão da índole violenta de Matraga, constitui a função inicial. Entre as funções intermediárias, reencontramos o mesmo verbo, mas na forma negativa $-a$, que expressa o esforço do protagonista em abster-se de atos agressivos, ou seja, sua vida de penitência.

Na codificação da função final surge um problema: como pôr em sigla a ação de Matraga que, ao mesmo tempo, é "ajudar", "cometer um ato violento", "lutar"? O valor dessa ação é essencialmente polissêmico. Não se trata simplesmente de um ato de ajuda, comparável, por exemplo, ao do burrinho pedrês. Integrada num gesto de altruísmo, a violência se manifesta como necessidade profunda da personalidade de Matraga. Para manter a polissemia, codificaremos essa ação por um verbo caracterizador do herói em Guimarães Rosa. Nesse sentido, já temos o verbo i ("ato astucioso"), aqui, entretanto, com um significado específico diferente. Poderíamos, *a posteriori,* ampliar-lhe o campo semântico, e conceituá-lo:

i: "esforço ou proeza que qualifica o herói"
i^1: "ato astucioso"
i^2: "ato violento", "luta".

Há ainda o adjetivo R, que aqui significa "a hora e a vez de Augusto Matraga" — elemento muito importante, já que após a derrota inicial do protagonista, é esse sinal de esperança que mantém a seqüência narrativa aberta. $X\ opt(R=?)$ quer dizer: "X deseja que chegue sua hora e sua vez, sem saber o que isso será, concretamente". Essa hora e vez ou seja, o reencontro de Matraga consigo mesmo, vai ser a luta final: $XR = Xi^2$.

A Tabela 1 (v. p. 56: as fábulas de *Sagarana*, transcritas em fórmulas; e pp. 57-58: ajuda de leitura da tabela) expressa o resultado de todas essas codificações.

Em que consiste a utilidade dessa tabela? Em primeiro lugar, no fato de condensar um texto de 365 páginas em uma página só, onde o leitor abrange de um só olhar todas as grandes unidades narrativas da obra de estréia de Guimarães Rosa. Esses elementos e sua articulação expressam a poética narrativa do autor. É claro que uma condensação na ordem de 1 : 365, semelhante à de um mapa geográfico em relação à realidade física, não se faz sem omissões — ressalva que já foi feita. Mas a grande vantagem é não ficarmos envolvidos, prematuramente, em pormenores eventualmente secundários; e guardarmos, por assim dizer, "as rédeas na mão".

Freqüentemente os estímulos de uma primeira leitura se desdobram automaticamente em julgamentos de valor (como mostrou Michael Riffaterre[12]), que acabam impregnando todo o resto da leitura. O crítico Álvaro Lins, na sua recensão de *Sagarana*, orienta desde logo o público no sentido de aceitar uma divisão desse volume de contos em "obras-primas" ("O Burrinho Pedrês", "Duelo", "Conversa de Bois", "A Hora e Vez de Augusto Matraga") e, de outro lado, obras "que não são da mesma significação, nem estão na mesma altura" ("Sarapalha", "Minha Gente", "São Marcos", "Corpo Fechado"); e ainda sobra um conto, "bastante diferente dos outros" ("A Volta do Marido Pródigo")[13]. A descrição comparativa mostrará que tal rotulação dos contos encobre uma continuidade de composição.

A comparação atenta das fórmulas nos faz encontrar em praticamente todas o verbo narrativo "agredir", "cometer um delito" (a) — que se atualiza de diferentes maneiras: "assassinar" (a^1), "violar" (a^2), "cometer adultério" (a^3), "maltratar" (a^4). É de notar que esse verbo sempre constitui a função narrativa que de-

---

(12) Cf. *Essais de stylistique structurale*, pp. 110, 114, 198, 310.
(13) "Uma grande estréia". pp. 180-182.

TABELA 1:

Esquemas das fábulas de SAGARANA

(As fábulas aqui não mantiveram a ordem em que aparecem no livro, mas foram agrupadas segundo a semelhança estrutural.)

"O Burrinho Pedrês" (BUR):

$$W_s \cdot 1_1(Yopt(a^1X)) + Ya^1X \rightarrow W_s \cdot 1_2(Yopt(a^1X)) + Yd_3(^{fut}a^1X) + -W_s, \ b^1Y, \ ZcX.$$

"Conversa de Bois" (CB):

$$[Y^{pret}a^3] + Ya_1^4X + a_2^4X + \ldots + a_n^4X$$
$$Z_s d(Y^{pret}a^4_2 Z_s + Ya_1^4 Z_s + a_2^4 Z_s + \ldots + a_n^4 Z_s) \xrightarrow{X} Z_s opt(bY) \rightarrow Z_s^{b1Y}_{c}X.$$

"Corpo Fechado" (CF):

$$Xopt(B^2W) \leftarrow Yd(^{fut}a^2W) \rightarrow ZcX + Ya^{2'}W \rightarrow Xb^1Y + XB^2W.$$

"Duelo" (DUE):

$$Ya^3 \rightarrow Xopt(b^1Y) \leftarrow Xa^1 \rightarrow Yopt(b^1X) \rightarrow Yb_1^{1'} + Xb_2^{1'} + \ldots + Yb_{n-1}^{1'} + Xb_n^{1'} \rightarrow \overset{b1Y}{Yi} \rightarrow Zb^1X.$$

"Sarapalha" (SAR):

$$XC^3RYC^3, \ C^{3fut} \leftarrow X, Y + Yd(^{pret}a^{3'}X) \rightarrow Xb^1Y \rightarrow -Y \ -R, \ -X \ -R.$$

"A Hora e Vez de Augusto Matraga" (MAT):

$$Xa^{1,2,3,4} \rightarrow Y_s b^1X \leftarrow ZcX \rightarrow Xopt_1(R=?): -a_1 \leftarrow opt(b^1Y_s = a) \leftarrow opt_2(R=?): -a_2 + opt_3(R=?): X_{oW_s}^{i_n^2} = XR + -X.$$

"A Volta do Marido Pródigo (Lalino Salâthiel)" (LAL):

$$XB^2Y \leftarrow XoptB^4 \rightarrow Xa^3Y + \begin{matrix} X - optB^4, \ X & optB^2Y \\ Yb^2X = Y - optB^2X \end{matrix} \rightarrow Xi_1^1 + i_2^2 + \ldots + i_n^1 \rightarrow YB^2X.$$

"São Marcos" (SM):

$$Xa^4Y \rightarrow Yb^2X \rightarrow Xi + XrY.$$

"Minha Gente" (MG):

Ajuda de leitura

BUR: *Os vaqueiros (Ws) dizem que Silvino (Y) pretende assassinar Badu (X). Y tenta fazê-lo. Por isso, Ws continuam a suspeitar. O próprio Y revela o seu plano. Acontece que Ws morrem afogados numa enchente, entre eles Y, que assim é castigado, ao passo que o burrinho pedrês (Z) salva X.*

CB: *O carreiro Agenor Soronho (Y) maltrata continuamente o menino-guia, Tiãozinho (X), com cuja mãe cometeu adultério. Durante o percurso do carro, os bois (Zs) conversam sobre Y, representante do homem em geral, que sempre subjugou os bois. Os sentimentos de frustração de X e Zs cristalizam-se em um desejo comum de castigar Y. Zs matam Y, libertando assim X do seu opressor.*

CF: *Mané Fulô (X) quer casar-se (a noiva é W), mas o valentão Targino (Y) anuncia cinicamente que vai passar a noite anterior ao casamento com W. O feiticeiro Antonico das Pedras (Z) oferece ajuda, fechando-lhe o corpo. Quando Y aparece, querendo satisfazer seu desejo, X o enfrenta e mata. O casamento pode realizar-se.*

DUE: *Cassiano (Y) comete adultério com a mulher de X; Turíbio (X) deseja vingar-se, matando-o. Entretanto, X por sua vez, comete um assassínio, vitimando o irmão de Y, inocente; agora, Y deseja vingar-se matando X. A partir daí, há várias tentativas de cumprir a vingança, do lado de Y como do lado de X. Y acaba morrendo, de doença agravada pela exaustão, mas concomitantemente, prepara um golpe astucioso. Resultado: o capiau Vinte-e-Um (Z), a soldo de Y, cumpre a vingança, matando X.*

SAR: *Primo Ribeiro (X) doente de malária, vive em amizade com primo Argemiro (Y), igualmente doente. A doença (C^3) há-de matá-los proximamente. Y confessa ter tentado, uma vez, aproximar-se da mulher de X. Por isso, X o castiga, enxotando-o de casa na hora da agonia: Y morre, sozinho, sem amizade; o mesmo acontecerá com X.*

MAT: *Augusto Matraga (X) comete delitos em grande escala: assassina, viola, comete adultério, maltrata os outros. Seus inimigos (Ys) o castigam, tentando matá-lo, porém um casal de pretos (Z) o salva. X arre-*

pende-se dos seus pecados e começa uma vida nova, na esperança de que um dia chegue "a sua vez e a sua hora" (R), sem saber claramente o que isso será. Renega a violência anterior (-a), vivendo retirado, dedicado somente ao trabalho e à humilde ajuda aos outros. Com o aparecimento de uns jagunços surge a tentação de vingar-se (b), o que significaria uma recaída ($b = a$); resiste e continua a vida de penitência. Um dia, pressente que chegou a sua hora. Ele deixa aquela vida e, enfrentando o bando de jagunços, realiza um glorioso ato de violência, em defesa de perseguidos (Ws). Essa é a sua vez e sua hora. X morre.

LAL: *Lalino (X) é casado com Maria Rita (Y), mas deseja divertir-se com mulheres da vida e abandona Y. Quando está farto da experiência, quer de novo conviver com Y. Mas agora Y o "castiga", isto é, convive com outro e não quer mais saber dele. X, por uma série de atos astuciosos, como cabo eleitoral de um major, consegue reconquistar Y.*

SM: *O protagonista-narrador, um jovem médico (X), desrespeita e insulta João Mangolô, o feiticeiro local (Y). Por isso, Y o castiga: inflige-lhe uma cegueira temporária. X consegue romper o feitiço e faz as pazes com Y.*

MG: *O protagonista-narrador, um moço (X), apaixona-se por Maria Irma (Y), com quem deseja casar-se. Mas ela não corresponde a seu desejo. Por causa disso, X tenta algumas artimanhas, mas Y não se apaixona por ele. Y, por sua vez, trama um plano com o resultado que X se casa com Armanda (W^1) e ela mesma se casa com Ramiro (W^2).*

sencadeia o enredo. (O fato de, às vezes, ser precedido por situações narrativas preliminares, como em "Volta do Marido Pródigo", "Sarapalha" e "Corpo Fechado", não contradiz a regra.) Observa-se igualmente que a função narrativa *a* sempre vem seguida — com ou sem funções intermediárias — pela função narrativa *b* ("castigar'), seja na variante b^1 ("castigo-mortal"), seja na variante b^2 ("castigo não-mortal"). Isso ocorre em oito dos nove contos de *Sagarana*. Com base nessa freqüência e regularidade, podemos conceituar a primeira estrutura narrativa, característica da poética de Guimarães Rosa contista:

$a \to b$: "o ato agressivo ou delito é seguido de uma sanção".

A partir daí podemos deduzir, como característica mais geral dos enredos de *Sagarana,* uma tendência moralista.

Entre essa abstração máxima e as suas oito atualizações individuais pode-se estabelecer um grau de abstração intermediário, que chamaremos de *núcleos narrativos*. Somente em "Sarapalha" e "Duelo", *b* ("castigo") é a última função narrativa. Geralmente vem seguida das funções *c* ("ajuda") ou *i* ("proeza"). Examinando a distribuição dessas duas funções, encontramos mais uma regra:

1) se *b* é atualizado por b^1 ("castigo mortal"), ocorre a função *c* ("salvação da vítima"), como acontece em "O Burrinho Pedrês" "Corpo Fechado", "Conversa de Bois";

2) se *b* é atualizado por b^2 ("castigo não-mortal"), ocorre a função *i* ("esforço ou proeza que qualifica o herói"), como acontece em "Volta do Marido Pródigo (Lalino)" e "A Hora e Vez Augusto Matraga" e — com intensidade bem menor — em "São Marcos" (o médico que rompe o feitiço).

Esquematizando por meio de fórmulas a estrutura (E) de *Sagarana* e os seus dois núcleos narrativos (NN), obtemos:

E 1. $a \to b$

"o ato agressivo ou delito é seguido de uma sanção" (vale para todos os contos de *Sagarana,* salvo MG).

NN-1.1 $Ya \to b^1Y + cX$

"Y comete um ato de agressão ou um delito e sofre uma sanção mortal; a vítima é salva, na maioria dos casos" (vale para BUR, CB, CF, DUE, SAR).

NN-1.2 Xa→b²X→Xi

> "X comete um ato de agressão ou um delito, sofre uma sanção e, em seguida, faz uma proeza que o qualifica como herói" (MAT, LAL, SM).

Esse esboço de caracterização reúne os elementos narrativos dominantes de *Sagarana;* em torno deles agrupam-se os demais.

Uma agressão ou um delito é sempre ameaça de determinados valores sociais. Entre os valores ameaçados no universo narrativo de *Sagarana,* dois merecem comentário. O primeiro, por contradizer cabalmente a afirmação de que Guimarães Rosa não teria qualquer preocupação política ou ideológica. O enredo de "Conversa de Bois" é estruturado em torno do tema da justiça social, lesada pela exploração do trabalhador rural por parte dos proprietários de terra: o menino Tiãozinho tem que trabalhar duramente a serviço de Agenor Soronho e suportar as suas arbitrariedades. A imagem negativa do fazendeiro é intensificada ainda por acusação moral: Agenor mantém a mãe de Tiãozinho como amante, e isso no momento em que o pai de Tiãozinho, doente, morre.

O tema da depravação moral do proprietário rural, freqüente no romance de protesto latino-americano, é aqui transposto para um código narrativo especial. Ao invés de dar a palavra aos homens explorados, o autor nos faz acompanhar a "conversa" dos bois que puxam o carro de Agenor:

"— Podemos pensar como o homem e como os bois. Mas é melhor não pensar como o homem...
"— É porque temos de viver perto do homem, temos de trabalhar...
"— É ruim ser boi-de-carro. É ruim viver perto dos homens... As coisas ruins são do homem: tristeza, fome, calor — tudo, pensado, é pior..." (*Sagarana,* p. 290.)
"— Eu estou com fome. Não gosto de puxar o carro... Queria ficar pastando na malhada, sozinho... Sem os homens". (*Ibidem,* p. 306.)

Os subjugados (no sentido literal da palavra) tomam consciência da sua exploração pelo homem, que nesse caso é, evidentemente, Agenor Soronho, representante da classe dos proprietários rurais. Entre os

bois e o menino-guia Tiãozinho, filho de um pobre
lavrador, igualmente explorado por Agenor, o Autor
estabelece uma relação de solidariedade, dirigida contra o patrão:

"— O bezerro-do-homem sabe mais, às vezes..."
[O "bezerro-do-homem" é Tiãozinho, que participa tanto
do mundo dos bois (bezerro), quanto do mundo dos homens.]
"— Ele vive muito perto de nós, e ainda é bezerro...
Tem horas em que ele fica ainda mais perto de nós...
Quando está meio dormindo, pensa quase como nós
bois..."
"—Mhú! Hmoung!... Boi... Bezerro-de-homem...
Mas, eu sou o boi Capitão!... Moung!... Não há nenhum
boi Capitão... Mas, todos os bois... Não há bezerro-de-homem!... Todos... Tudo... Tudo é enorme... Eu sou enorme!... Sou grande e forte... Mais do que seu Agenor Soronho!..."

(*Sagarana*, p. 314.)

O "pensamento" dos bois se sobrepõe ao de Tiãozinho, para articular-se numa consciência de solidariedade e da própria força, germe da revolta dos oprimidos contra o opressor. Desfecho do conto: os bois, de repente tendo-se lançado para frente, num movimento brusco, Agenor cai e é esmagado pela roda. Apresenta-se nesse conto uma certa afinidade com o "romance engajado" dos anos 30; no entanto há uma variação estilística que consiste na transposição do tema para o código dos bois, eternos subjugados.

Outro tipo de enredo chama atenção pela sua freqüência. Em nada menos do que cinco das oito narrativas, o valor ameaçado pela agressão é o casamento. Quase sempre se trata de adultério, e quase sempre a sanção é mortal: primo Argemiro, Cassiano, Targino e o próprio Agenor Soronho (não só explorador de mão-de-obra, mas também adúltero) pagam caro a sua cobiça da mulher do próximo. Como praticamente não há distanciamento do narrador em relação à sanção infligida a esses infratores do código social, o que concluir daí, senão que Guimarães Rosa assume a função de reforçar um valor da sociedade, o casamento? O fato merece ser anotado, porque, no livro seguinte, *Corpo de Baile,* o Autor tornar-se-á bastante cético em relação à estrutura familiar dessa mesma sociedade.

Outra característica típica dos enredos de *Sagarana* é a presença do personagem Z, que sempre funciona como sujeito do predicado *c* ("salvar", "ajudar"), de onde a sua denominação de "ajudante". Em geral, Z contraria ou aniquila a ação do antagonista; o ajudante é quase sempre caracterizado como fraco ou marginal (o capiau Vinte-e-Um, em "Duelo", o casal de pretos, em "Matraga") ou como tipo "folclórico" (o feiticeiro Antonico das Pedras, em "Corpo Fechado"), ou ainda reveste a forma de animais (o burrinho pedrês, os bois). O triunfo desses elementos confere aos contos um cunho fantástico e os aproxima de matizes das narrativas populares. A ajuda milagrosa, de certa forma imprevisível, contrasta com a previsibilidade das sanções. Como se resolve essa contradição? O momento de surpresa sempre só existe dentro dos limites da causalidade moral, isto é, o elemento propriamente novelesco é subordinado ao elemento temático; o fabulador Guimarães Rosa dá preferência a Guimarães Rosa moralista.

Essa dupla caracterização de Guimarães Rosa — escritor moralista, conservador, embora despertado para os problemas sociais — mostra, não obstante ainda em esboço, em que medida a visão integral dos constituintes narrativos proporciona uma plataforma segura para a interpretação.

Há também uma vantagem deste método em relação ao da *explication de texte,* que é apropriado quando se trata de analisar um texto curto. Mas, diante de uma obra extensa, digamos um romance, a *explication de texte* é obrigada a recortar o episódio "típico", que enquadre (tem que enquadrar), que resuma (tem que resumir) a obra toda; e poucas vezes a escolha é tão feliz como a do episódio da *madeleine,* que catalisa *A la Recherche du temps perdu.*

Nossa tabela reúne as vantagens da descrição extensiva às do caráter compacto de uma sinopse. Ela possui, por assim dizer, lexemas, sintagmas e semas, bem como as formas de arranjo desses elementos: repetições, paralelismos, contrastes e variações. Em conseqüência disso, seguindo a lição de Jakobson, ela pode ser lida e comentada como uma espécie de "texto dos enredos", no caso, de *Sagarana*. Claro que não tem sentido comentar-se tudo, enumerativamente, mecanicamente, mas há certos fenômenos que se impõem à atenção por efeitos de repetição ou contraste. Como era nosso propósito inicial dar uma idéia das virtudes (e também dos limites) da gramática narrativa, a exploração do potencial da tabela e o esboço de caracterização de *Sagarana* não precisam ir mais longe. Para perseguir o objetivo maior, a caracterização da poética de Guimarães Rosa contista, será necessário elaborar também as estruturas narrativas de *Corpo de Baile, Primeiras Estórias* e *Tutaméia*.

4
CONSCIÊNCIAS ANGUSTIADAS
(CORPO DE BAILE)

As sete narrativas que compõem *Corpo de Baile*[1] receberam do Autor diversas denominações quanto ao gênero: *novelas, poemas, contos, romances*. Cada um

(1) 1.ª ed., 1956. A partir da 3.ª ed., 1964/65, a obra é publicada em três livros autônomos: *Manuelzão e Miguilim* (que inclui "Campo Geral" e "Festa de Manuelzão" ("Uma Estória de Amor"), *No Urubùquaquá, no Pinhém* ("O Recado do Morro", "Cara-de-Bronze", "A Estória de Lélio e Lina") e *Noites do Sertão* ("Dão-Lalalão" e "Buriti"). As citações referem-se a essa última edição.

desses conceitos carrega uma conotação de longa tradição literária: lirismo ou substrato lírico (poema), narrativa com desenvolvimento multinuclear e certa amplidão descritiva (romance), peripécias concentradas e maior linearidade (novela), estória com um único núcleo temático (conto). No entanto, a atribuição de gêneros só nos servirá de primeira orientação. Precisamos de um conceito menos comprometido com conotações tradicionais, mais neutro, comum a todas as narrativas de Guimarães Rosa, que lhes possa servir como denominador comum. Dando continuidade, nesse sentido, à análise iniciada com *Sagarana,* focalizaremos aqui também as *fábulas,* das quais se estudarão as funções, com vistas a posterior elaboração de uma tabela. Procurando iniciar o trabalho por elementos já conhecidos, perguntamos se o Autor se utiliza de funções que já nos são familiares a partir do exame da sua obra de estréia.

Em apenas duas novelas subsiste o núcleo narrativo de *Sagarana*: "delito seguido de sanção" (a → b). "O Recado do Morro" é a história de um plano de assassínio por emboscada — mas a vítima, avisada pelo "recado" de um morro, percebe a intenção e castiga os vilões; "Dão-Lalalão" é o relato das preocupações de um antigo valentão que suspeita querer seu amigo traí-lo com a mulher; põe-se, então, a imaginar planos de vingança. Apesar da identidade dos predicados narrativos, em relação a *Sagarana,* há uma notável mudança de estrutura; basta considerar-se a posição e a importância da função a → b ("delito seguido de sanção") no conjunto das duas fábulas.

Em "O Recado do Morro", a história do homicídio tem que ceder a primazia ao outro filão da narrativa — relato de uma mensagem enigmática. Os dois planos narrativos podem ser assim esquematizados:

$Z_1 F d_1 = ? + Z_2 F d_2 = ? + \ldots + Z_7 d_7 (Y'_a a^1 X') = ? \ldots$
$Y_1 d_1 (Y_a - opt(aX)) + Y_a d_2 (-opt(aX)) \ldots$

A linha superior transcreve o percurso da mensagem do morro: os viajantes de uma expedição que atravessa o sertão encontram em seu caminho um velho eremita, Gorgulho (Z_1), aloucado (F), que lhes transmite em palavras confusas ($d_1 = ?$) um "recado" que teria recebido do Morro da Garça: trata-se de uma morte por traição[2]. Essa mensagem, cujo sentido ninguém entende (d = ?), acompanha a expedição através de vários transmissores consecutivos: Qualhacôco (Z_2), Guegue (Z_4), Nomindomine (Z_5), o Coletor (Z_6) — todos grotescos, débeis mentais — uma criança chamada Joãozezim (Z_3) e um cantador de rua, Laudelim Pulgapé (Z_7).

Paralelamente, na linha inferior, esquematiza-se o percurso da expedição: Ivo (Y_1), um dos antigos inimigos[2a] de Pê-Boi (X), assegura-lhe a cessação da inimizade do grupo [$Y_1 d_1$ (Y_s-opt(aX))]; e, no lugar de chegada, combinam uma festa de reconciliação com Pê-Boi ($Y_s d_2 \ldots$). Nessa festa, Laudelim Pulgapé, Z_7 (a partir daqui leia-se de novo a linha superior), canta a balada de um rei morto por traição [$d_7(Y'_s a^1 X') = ?$].

Ao nos aproximarmos do desfecho do conto, os dois planos narrativos são integrados em um só:

$$\begin{matrix} \ldots\ldots + Xd_8 \\ \ldots + Y_s a^{1\prime} X \end{matrix} \to X: Z_s d\ [=c] = Y_s \text{opt}(a^1 X)! \to XbY_s.$$

Por ocasião da festa, os falsos amigos (Y_s) levam Pê-Boi, totalmente bêbado, a um lugar escuro, para assassiná-lo ($Y_s a^{1\prime} X$); enquanto isso, Pê-Boi cantarola a balada do rei traído (Xd_8). De repente, compreende o sentido dessa mensagem que o acompanhara o tempo todo: é um aviso providencial de que os outros querem matá-lo [X: $Z_s d\ [=c] = Y_s \text{opt}(a^1 X)!$]. Antes que possam agir, Pê-Boi os agride (XbY_s) e escapa. A integração dos dois planos narrativos coincide, portanto, com o momento em que o recado enigmático é compreendido por seu destinatário. O elemento enigmático encontra-se amalgamado ao motivo já conhecido da ajuda milagrosa, que atinge aqui uma das suas melhores estilizações[3].

---

(2) Essa informação constitui a situação inicial implícita, cuja codificação pode ser acrescentada à fórmula:
   pret [$Zd(Y'_s a^1 X')$].
O apóstrofe depois da sigla do personagem indica que se trata de personagem imaginário (ficção dentro da ficção) ou não-definido.

(2a) Ocasionalmente tomamos conhecimento de que o Pê-Boi (X) tem vários inimigos que queriam matá-lo; essa informação também faz parte da situação inicial implícita:
   pret [$Y_s \text{opt}(a^1 X)$].

(3) Para a análise especificamente desse conto servimo-nos do estudo de Maurice Capovilla, "O Recado do Morro", *Rev. do Livro* 25 (1964).

Vejamos ainda a modificação da função a → b no conto "Dão-Lalalão". A situação inicial é esta:

$$XB^2W^{pret}B^4 \ d \ Y \ \dots$$

Soropita (X), antigo valentão, respeitado por todos no seu povoado, cavalga de volta para casa, com pensamentos amorosos em sua mulher Doralda (B^2W) — uma antiga prostituta ($^{pret}B^4$) — quando encontra um amigo, Dalberto (Y), e o convida para jantar e passar a noite em sua casa (d).

A história continua assim:

$$\to X_{imag}(Y^{pret}B^4W + Yopt(aX)) \to \underset{imag}{Xopt} \ (b^1Y) \leftarrow \frac{Y\text{-}a}{X\text{-}b} \ \dots$$

Durante a conversa (d), que gira antes de mais nada em torno de mulheres, Soropita começa a suspeitar (imag) que Dalberto tenha sido "cliente" de Doralda, quando ainda prostituta ($Y^{pret}B^4W$). Logo sua imaginação ciumenta voa longe, conjeturando que o reencontro dos dois poderia fazer ruir a sua felicidade [X_{imag}(Yopt(aX))]. Sob essa suspeitada ameaça, Soropita faz planos de matar Dalberto, caso houvesse a mínima provocação [$\underset{imag}{Xopt} \ (b^1Y)$]. Mas, de tudo isso nada acontece (Y-a, X-b) e na manhã seguinte, os dois amigos despedem-se em paz.

A estória continua. Quando Soropita está-se acalmando, passa o preto Iládio, vaqueiro, e lhe diz algumas palavras, que ele recebe mal e interpreta como ofensa. Logo, Soropita se pergunta: será que esse Iládio não quis provocá-lo, porque ele também, provavelmente, estivera entre os homens que freqüentavam Doralda? A imaginação inquieta recomeça a funcionar... Finalmente, suas frustrações provocam violenta agressão verbal. Codificando essa última parte, que repete o esquema narrativo anterior, temos:

$$\dots Y_2 dX \to X_{imag_2} \ (Y_2{}^{pret}B^4W + opt(aX)) \to \underset{imag}{Xopt} \ (b^1Y_2) \leftarrow Xb^2Y_2$$

Através dessa explicitação ficou claro que o antigo núcleo narrativo, "delito seguido de sanção" (a → b), não só sofreu uma sensível redução numérica (2/7 em *Corpo de Baile,* contra 8/9 em *Sagarana*), mas ainda perdeu sua função dominante. Em "Dão--Lalalão", o "delito seguido de sanção" não é mais uma estória endossada pelo autor-narrador, mas sim uma fantasia vivida por um personagem, do qual o narrador diversas vezes se distancia. O interesse de "Dão-Lalalão" reside, antes de mais nada, na representação do fluxo de imaginação desse ex-valentão, cidadão respeitado em sua paróquia, casado com uma mulher bonita e sensual, e dotado de um mecanismo mental em constante vigia para defender, como diz o narrador, "Doralda e os prazeres"[4] e sua imagem perante a sociedade.

Qual seria, então, a estrutura dominante de *Corpo de Baile*? Para descobri-la, vamos passar a um resumo das demais narrativas. Em "Campo Geral" acompanhamos as vivências de Miguilim, um menino da roça, durante seu desenvolvimento do mundo lúdico da criança para o mundo de trabalho dos adultos. Em "Festa de Manuelzão" ("Uma Estória de Amor") temos, paralelamente ao decorrer de uma festa de fazenda, as preocupações do administrador Manuelzão: solidão, velhice, doença, pobreza, trabalho. A "Estória de Lélio e Lina" narra um pedaço da vida do vaqueiro Lélio, suas diversas experiências amorosas, todas contraditórias, e sua conseqüente insegurança e indecisão. "Buriti" gira em torno das aspirações de duas mulheres, Lalinha e Glória, que passam uma vida monótona numa fazenda isolada, regida patriarcalmente. Uma delas esperando a volta do marido que a abandonou, a outra esperando a volta de um namorado que alimentara seu desejo de se casar.

Como extrair a partir dessas intrigas de significados bastante diferentes um traço funcional comum? Em *Corpo de Baile,* a caracterização dos personagens e a representação de conflitos psicológicos passam a dominar, em detrimento da ação. A abordagem estruturalista em relação ao personagem foi formulada por Roland Barthes nesses termos:

"A análise estrutural, muito atenta em não definir o personagem em termos de essências psicológicas, tem-se esforçado até agora por definir o personagem não como um 'ser', mas como um 'participante' "[5].

(4) *Noites do Sertão.* p. 77.
(5) Introduction à l'analyse structurale des récits. *Communications* 8, (1966). p. 16.

Continuando a análise nos moldes da gramática narrativa e recuando até um ponto de abstração bastante grande, podemos conceituar um traço funcional comum a todas essas narrativas. Miguilim, Manuelzão, Lélio, Lalinha, Glória, e também Soropita — em todos sentimos a pulsação de preocupações, dúvidas, aspirações, problemas, ansiedades, angústias. O denominador semântico comum é a expressão de uma consciência inquieta.

A essa nova estrutura narrativa acresce-se uma nova técnica de contar. A narração "exterior" dos acontecimentos tipo "delito seguido de sanção" é substituída por amplos informes sobre a vida interior de diversas figuras sertanejas. Predomina a técnica do estilo indireto livre.

O novo predicado narrativo será codificado pela letra:

e	representação de uma consciência inquieta ou angustiada. Freqüentemente ocorre em forma combinada:
e $imag$	representação de acontecimentos que se passam na imaginação ou na fantasia do protagonista (é o caso de Soropita, em "Dão-Lalalão").
e opt	representação de desejos e ansiedades (exemplos: Lalinha e Glória, em "Buriti").

Todas essas funções narrativas perduram ao longo do conto todo e representam um novo tipo de enredo, a ação interior, psicológica.

Evidentemente, o verbo e... só por si não basta para resumir as fábulas de *Corpo de Baile*. Por isso, será sempre acompanhado de adjetivos complementares, que indiquem o conteúdo específico da consciência inquieta dos protagonistas: B ("relacionamento entre homem e mulher") e C ("sintomas de subdesenvolvimento"). Ambos os temas são conhecidos a partir de *Sagarana,* mas aqui recebem um tratamento bem mais amplo. Através de um número-índice, podem ser especificados semanticamente:

B: "relacionamento entre homem e mulher"
B^1: "namoro"

$B^{1'}$: "idealização do namoro" [6]
B^2: "casamento", "vida conjugal"
B^3: "desintegração do casamento", "adultério"
B^4: "prostituição"
B^5: "relacionamento sexual"
B^6: "amizade"
C: "sintomas de subdesenvolvimento" [7]
C^1: "pobreza", "economia de subsistência"
C^2: "desequilíbrio total entre trabalho e posse da terra", "mobilidade social restrita"
C^3: "falta de assistência médica e de condições sanitárias"
C^4: "debilidade mental" (devida, em boa parte, às precárias condições materiais de vida).

Em *Sagarana,* o namoro, o casamento ou o adultério limitavam-se a formar o momento inicial ou o desfecho das intrigas. Em *Corpo de Baile,* o relacionamento entre homem e mulher traduz um conteúdo problemático, vivenciado pelos protagonistas e representado ao longo da narrativa toda. Vamos proceder à codificação dos respectivos contos na íntegra:

"A Estória de Lélio e Lina".

No plano dos meros acontecimentos teríamos:

$$XB^{1'}Y_1 + B^4Y_{2,3} + B^6Z + optB^2Y_4?Y_5? + -optB^2 + B^{3,5}Y_6 + B^{1'}_2Y_1 + B^4_2 \ldots$$

Lélio (X), jovem vaqueiro que arranjou trabalho na fazenda do Pinhém, anda absorvido em lembranças da "moça do Paracatú" (Y_1) — amor à primeira vista, que ele idealiza cada vez mais ($B^{1'}$). Em companhia dos outros vaqueiros, fica conhecendo as "tias" Conceição e Tomázia (Y_2, Y_3), prostitutas (B^4). Um dia, Lélio encontra D. Rosalina (Z), uma velhinha, e ambos simpatizam muito um com o outro (B^6); Rosalina torna-se confidente de Lélio, que lhe conta seus problemas amorosos: de um lado, ele sente certa inclinação por duas moças, Manuela e Mariinha (Y_4, Y_5), com quem eventualmente poderia casar-se (optB^2Y_4? Y_5?), mas

---

(6) Apóstrofe depois do adjetivo indica situações imaginárias.
(7) Trata-se de sintomas de uma sociedade apresentando um notável desequilíbrio econômico e social — desequilíbrio que poderia ser remetido ao conceito de *subdesenvolvimento.* Este estudo, porém, limita-se aos fenômenos sociológicos apenas enquanto integram as fábulas da obra de Guimarães Rosa. Para um sociólogo essa conceituação seria necessariamente vaga; no entanto, não houve pretensão nossa de desenvolver, ao lado do estudo literário, outro, sociológico. Apenas nos importou chegar à região limítrofe das duas disciplinas.

acaba desistindo desses planos (-optB^2); de outro lado, sente-se atraído pela sensualidade de Jini (Y_6), casada, com quem passa algumas clandestinas noites de prazer ($B^{3,5}$). Outras vezes ainda, relembra a "moça do Paracatú" ($B^{1'}{}_2 Y_1$) ou volta a freqüentar a casa das "tias" ($B^4{}_2 Y_{2,3}$). Em torno disso gira sua vida.

A partir dessa seqüência, podemos conceituar o que seria o segundo plano da narrativa: os mesmos acontecimentos, mas enquanto interiorizados pelo protagonista:

$$X\underset{opt}{e} \quad (B^{1'}? \quad B^2? \quad B^3? \quad B^4? \quad B^5? \quad B^6?) \dots$$

o namoro idealizado ($B^{1'}$), os planos de casamento (B^2), o amor adúltero (B^3), a prostituição (B^4), os prazeres sexuais (B^5), a amizade (B^6) — tudo lhe parece instável, questionável. Sobrevém o desfecho: a fazenda do Pinhém, endividada, é posta à venda, acarretando a dissolução da comunidade de vaqueiros e agregados. Lélio fica até ao fim, por causa de Rosalina. Uma noite, vai embora, levando-a consigo (XB^6Z).

A fábula de "Buriti" é disposta em vários planos narrativos; a codificação será iniciada pelo enfoque das duas protagonistas:

$$^{pret}[Y_1B^3X_1, Y_2B^1X_2] \to X_1\underset{opt}{e} \quad B^2Y_1, X_2\underset{opt}{e} \quad B^2Y_2 \dots \leftarrow -B^2 \to \dots$$
$$\dots X_2B^5Y_4, X_1B^5Y_3 + {}_{fut}[X_1B^4?Y_2\dot{B}^2X_2] \dots$$

O quadro narrativo é formado pela chegada de Miguel, veterinário, à fazenda do Buriti Bom; o enredo principal, acima codificado, é desenvolvido através de uma série de amplos *flashbacks*. A situação inicial: Lalinha (X_1) foi abandonada por Irvino, seu marido ($^{pret}Y_1B^3X_1$); o sogro, Iô Liodoro, trouxe-a para a fazenda. Lalinha torna-se amiga de Glória (X_2), sua cunhada, que andava namorando Miguel ($^{pret}Y_2B^1X_2$). —Em torno das aspirações (e_{opt}) das duas mulheres — a espera da volta do marido (B^2Y_1), a espera da volta do namorado, para casar-se (B^2Y_2) — passam-se os dias, as semanas, os meses, num ritmo monótono.

A codificação inicial deve ser interrompida aqui, para se intercalar outra seqüência narrativa, intrusiva:

$$\dots Y_3B^5X_s, \quad Y_4optB^5X_2 \dots$$

Iô Liodoro (Y_3), latifundiário que domina patriarcalmente a família e os agregados, é viúvo e costuma freqüentar várias amantes na redondeza (B^5X_s); Gualberto (Y_4), fazendeiro vizinho, deseja Glória (optB^5X_2). O tema erótico é complementado por um terceiro plano narrativo, a presença do Buriti-Grande (Z), símbolo fálico (B^s):

$$\ldots\ldots\ldots\ldots ZB^s \ldots\ldots\ldots\ldots$$

"os buritis [...], os buritis radiados [...] sobressaindo delas, erecto, liso, o estipe — a desnudada ponta. Sobrelanço, ainda — um desmedimento — o buriti-grande."

"E, em noite clara, era espectral — um só osso, um nervo, músculo"[8].

Voltando às duas protagonistas: o amor com que sonham não se realiza (-B^2), suas vidas são condicionadas cada vez mais pelos homens presentes que pelos ausentes. Um dia, Glória cansada de esperar a volta do noivo, entrega-se a Gualberto ($X_2B^5Y_4$). Lalinha recebe certeza definitiva de que seu marido nunca mais voltará e se oferece a Iô Liodoro ($X_1B^5Y_3$). Depois, quer retornar à cidade, conhecer outros homens ($^{fut}X_1B^4$?...). — Com a chegada de Miguel, que pretende pedir Glória em casamento ($^{fut}Y_2B^2X_2$), fecha-se o quadro narrativo.

A segunda temática, "sintomas de subdesenvolvimento" (C), só entrou esporadicamente nos enredos de *Sagarana;* em *Corpo de Baile* está fortemente presente na intriga de duas narrativas. A primeira é "Campo Geral":

$$XD, X\text{-}D, Xe(C^{1,2,3,4}) \ldots \rightarrow {}^{fut}XC \leftarrow ZcX \rightarrow {}^{fut}X\text{-}C.$$

Relata-se a vida num sítio perdido no meio dos campos gerais, segundo a perspectiva do menino Miguilim (X): as descobertas e alegrias de Miguilim criança (XD); as primeiras amargas experiências (X-D): medo da morte, conflitos entre os pais que repercutem sobre ele; pouco a pouco, a aquisição de uma cons-

(8) *Noites do Sertão.* pp. 126 e 136.

ciência (e), embora ainda nebulosa, do mundo dos adultos: a pobreza (C^1), o trabalho pesado em absoluta dependência, numa economia de subsistência (C^2); as doenças sem auxílio: Dito, o irmãozinho, morre de uma inflamação no pé (C^3); os estouros de raiva do pai, que procura compensar as frustrações sofridas no trabalho por castigos severíssimos contra a família, principalmente contra Miguilim. A agressividade anormal do pai é fomentada pelas duríssimas condições de trabalho; sua irritabilidade torna-se doentia (C^4), a tal ponto que, um dia, mata um agregado, Luisaltino, e depois se enforca.

Aos sete anos, Miguilim começa a ser integrado no processo de trabalho na roça:

"Pai encabou uma enxada pequena. — 'Amanhã, amanhã, este menino vai ajudar na roça.' Nem triste nem alegre, lá foi Miguilim, de manhã, junto com Pai e Luisaltino. — 'Teu eito é aqui. Capina' "[9].

Segundo a lógica imanente a esse mundo, Miguilim teria no futuro uma sorte semelhante à dos pais (^{fut}XC). Mas, surge uma ajuda inesperada: um dia, passa um médico (Z), que leva Miguilim consigo para a cidade, liberando-o de compartilhar a condição dos pobres do meio rural (^{fut}X-C).

A mesma temática, "sintomas de subdesenvolvimento" (C), também está presente em "Festa de Manuelzão". Essa narrativa se estrutura em dois planos

$$Xr^1 \quad \begin{array}{l} \to W_{\bullet\,1}^{-2} + r_2^2 + \ldots + r_n^2 \to W_\bullet D \ldots \\ \leftarrow Xe(C^{\,1,2,3}) \ldots\ldots\ldots \to X\text{-}D \ldots \end{array}$$

Manuelzão (X), administrador da fazenda Samarra, coordena os preparativos para uma grande festa (r^1). Chegam inúmeros convidados da redondeza (W_s): Frei Petroaldo, o padre; João Urúgem, um eremita; Joana Xaviel, uma contadora de estórias; e muitos

(9) *Manuelzão e Miguilim*. p. 87.

outros. Todos se divertem com a festa $(r_1^2 + r_2^2 +$
$+ \ldots + r_n^2)$: leilão, missa, dança, música, canto, estórias, comezainas — até alta noite; todos se alegram (W_sD). Todos, exceto Manuelzão, que anda preocupado (Xe), porque lhe pesam a velhice e a solidão, sente-se doente (C^3) e medita sobre sua vida de trabalho, uma longa luta. Conseguiu certa melhoria, sair da pobreza (C^1), mas por esse esforço não lhe proporcionar a propriedade da terra, continua dependente (C^2) — "administrador, quase sócio, meio capataz de vaqueiros, certo um empregado"[10]. A aspiração de Manuelzão, de possuir um dia um pedaço próprio de terra, ficará um mero sonho. Já na beira dos sessenta anos, gastara toda sua força de trabalho a serviço do latifundiário Frederico Freyre.

Continuando a descrição do enredo:

$$\begin{matrix} \ldots W_sD \\ \ldots X\text{-}D \end{matrix} \to Xr^3 \to Zd(C^{1,2} = D) \ [=c] \to X,W_s(C^{1,2} = D).$$

Para sair do seu desânimo, Manuelzão pede (r^3) ao mendigo Camilo (Z) que conte uma estória. Perante todos os convidados, Camilo narra (d) a balada do Boi Bonito: o Fazendeiro tinha enviado milhares de vaqueiros para laçarem o Boi, mas só o Vaqueiro Menino, montado no cavalo milagroso, o conseguiu. Para os ouvintes, a balada transfigura seu mundo de trabalho em um mundo heróico, um mundo de festa $[X,W_s(C^{1,2} = D)]$. Assim, Camilo ajuda Manuelzão a sair da tristeza $(Zd = cX)$.

Tendo codificado as narrativas de *Corpo de Baile*, podemos agora reuni-las em uma tabela (v. Tabela 2, p. 76), com vistas o um estudo estrutural comparativo[11]. (Falta ainda a codificação de "Cara-de-Bronze", que, por ter características específicas será comentado mais adiante.)

(10) *Manuelzão e Miguilim*. p. 115.
(11) Na verdade, a primeira codificação só raras vezes é a definitiva: apenas a leitura comparativa, reiterada, alerta para elementos estruturais semelhantes ou dessemelhantes, no conjunto dos contos.

TABELA 2:
Esquemas das fábulas de CORPO DE BAILE   (Agrupados segundo semelhança estrutural. O número que acompanha o título remete à página onde a fórmula é explicitada.)

"O Recado do Morro" (pp. 66-67):

$$Z_1Fd_1 = ? + Z_2Fd_2 = ? + \ldots + Z_7d_7(Y_aa^1X') = ? + Xd_8 \to X: Z_ad[=c] = Y_aopt(a^1X) \to XbY_a.$$
$$Y_1d_1(Y_a-opt(aX)) + Y_ad_2(-opt(aX)) + Y_aa^1X$$

"Dão-Lalalão" (p. 68):

$$XB^2W^pB^4dY \to Xe \underset{imag}{(Y^pB^4W + Yopt(aX))} \to Xopt \underset{imag}{(b^1Y)} \leftarrow \underset{X-b}{Y-a} + Y_2dX \to Xe \underset{imag_2}{(\ldots)} \leftarrow Xb^2Y_2.$$

"A Estória de Lélio e Lina" (pp. 71-72):

$$XB^1Y_1 + B^4Y_{2,3} + B^6Z + optB^2Y_4?Y_5? + -optB^2 + B^{3,5}Y_6 + B_2^1Y_1 + B_2^4 \ldots + B^6Z.$$
$$Xe \underset{opt}{(B^{1/?} \quad B^{2?} \quad B^{3?} \quad B^{4?} \quad B^{5?} \quad B^{6?})} \ldots$$
$$W_1E_1, \, W_2E_2, \ldots W_nE_n$$

"Buriti" (pp. 72-73):

$$^p[Y_1B^3X_1,Y_2B^1X_2] \to X_1 \underset{opt}{e} \quad B^2Y_1,X_2 \underset{opt}{e} \quad B^2Y_2 \ldots \leftarrow -B^2 \to \ldots X_2B^5Y_4,X_1B^5Y_3 + [X_1B^{4?}Y_2B^2Y_2 \ldots \overset{fut}{}$$
$$\ldots \quad Y_3B^5X_3, Y_4 optB^5X_2 \ldots$$
$$\ldots \ldots ZB^3 \ldots \ldots \ldots$$
$$W_1Fe \ldots$$
$$W_1E_1, \, W_2E_2, \ldots W_nE_n$$

"Campo Geral" (pp. 73-74):

$$XD \ldots, X-D \ldots, Xe(C^{1,2,3,4}) \ldots \to {}^{fut}XC \leftarrow ZcX \to {}^{fut}X-C.$$
$$W_1E_1, \, W_2E_2, \ldots W_nE_n$$

"Festa de Manuelzão" (pp. 74-75):

$$Xr^1 \to Ws r_1^2 + r_2^2 + \ldots + r_n^2 \to W_sD \to Zd(C^{1,2} = D) [=cX] \to X, W_s(C^{1,2} = D).$$
$$\leftarrow Xe(C^{1,2,2,3}) \ldots \ldots \to X-D$$
$$W_1E_1, \, W_2E_2, \ldots W_nE_n$$

"Cara-de-Bronze" (pp. 79-80):

$${}^p[YF_2 \to ZP^1 ?_r \to W_s opt \, (R=?) + W_s opt \, (X=? \, XF=? \, Xe=?) + Zd(R=), -d(X=) \ldots + W_2d[P(X'aY' \to bX') \leftarrow X: {}^p -aY'!].$$

Como se vê na tabela, a estrutura narrativa predominante em *Corpo de Baile* é formada pelas quatro narrativas do tipo

$Xe(B)$... (cf. "A Estória de Lélio e Lina", "Buriti")

ou

$Xe(C)$... (cf. "Campo Geral" "Festa de Manuelzão").

Trata-se de largas informações sobre a condição de vida dos sertanejos e a interiorização de suas experiências. Os problemas de Miguilim, Manuelzão, Lélio e Lalinha não se restringem a casos individuais; a constelação dessas figuras e de inúmeros comparsas num amplo *corps de ballet*[12] assume valor de modelo da sociedade sertaneja. Guimarães Rosa focaliza dois problemas: a condição da mulher na sociedade rural-patriarcal (restringindo-se seu papel quase exclusivamente à esfera erótica) e as precárias condições de vida de todos os sertanejos que não pertencem à restrita classe dos latifundiários: moradores e vaqueiros com suas famílias, e um imenso *Lumpenproletariat,* constituído por vagabundos, mendigos, eremitas, miseráveis de toda espécie.

Esse aspecto da obra de Guimarães Rosa, que permitiria estabelecer certa continuidade com o romance "engajado" dos anos 1930, foi em grande parte ignorado pela crítica, que se empenhou em assinalar o enriquecimento da literatura regionalista brasileira pela introdução de um plano simbólico. Disso vimos vários exemplos: a balada do mendigo Camilo, o Buriti-Grande como símbolo sexual, ou ainda — outro elemento da paisagem — o Morro da Garça como mandatário de uma mensagem salvadora. Nas narrativas tipo "consciências angustiadas", as intenções simbólicas acabam entrando em conflito com a crítica social. Várias vezes nota-se, por parte do Autor, um posterior "recuo" dessa preocupação social, por meio da técnica narrativa. Contrariando a estrutura aberta desses quadros da vida sertaneja, ele "constrói" um desenlace, que os fecha de modo convencional.

(12) Esse é o título da tradução alemã da obra, realizada por Curt Meyer-Clason.

Assim acontece em "Festa de Manuelzão": o desânimo do protagonista, esboço de uma tomada de consciência do seu papel de desbravador de terra despojado de terra, é remediado através de uma estória bem contada, no ponto culminante da festa: a balada do Boi Bonito. Os ouvintes, entre os quais Manuelzão, deixam-se impressionar e, ao raiar do dia, ganham um novo dinamismo para o trabalho.

Também em "Campo Geral", a intervenção "de fora" é bem evidente: para Miguilim surge, de repente, o ajudante milagroso: um médico da cidade, que não só vai remediar sua miopia, mas ainda lhe proporciona uma formação escolar-profissional completa, incluindo até curso universitário. (Reencontramos Miguilim mais tarde, em "Buriti" na figura do veterinário Miguel). Filho de pobre, não precisará compartilhar a condição dos seus semelhantes; subirá social e economicamente. Ora, a situação anteriormente retratada nessa narrativa não admitiria tanto otimismo, porque envolve milhões de Miguilins; por isso, a solução dada — um ato individual, de patente paternalismo — revela-se inoperante. Por meio de um *deus ex machina* (ZcX), que o Autor sempre faz intervir no fim, ele curto-circuita a sua posição anterior, a apresentação crítica de sintomas de subdesenvolvimento.

Nas narrativas que têm como tema o relacionamento problemático entre homem e mulher, as soluções são menos milagrosas, embora não totalmente ausentes. O "rapto" da moça velha, D. Rosalina, pelo jovem vaqueiro, talvez consiga compensar por algum tempo suas frustrações em busca do amor, mas — comparado com as cenas anteriores, mais realistas — esse ato fica reduzido a um mero gesto teatral. O único desfecho coerente com a estrutura das narrativas "abertas" ocorre em "Buriti": a solução vem "de dentro" das protagonistas: Lalinha e Glória, cansadas da espera por ficções de amor, começam a manter relações sexuais com os homens de sua convivência, Iô Liodoro e Gualberto. As perspectivas de futuro: Lalinha voltará para a cidade (onde possivelmente se degradará em prostituta) e Glória provavelmente vai casar-se com Miguel. Nessa narrativa, o enredo problemático não é solucionado por nenhum desfecho artificialmente idealizado.

Os outros dois contos, vistos no início, "O Recado do Morro" e "Dão-Lalalão", não podem ser incriminados de incongruência de construção, uma vez que neles o elemento fabulador não conflita com o elemento documentário. Distinguem-se também pela dimensão do tempo narrado: o enredo de "O Recado do Morro" abrange poucos dias, o de "Dão-Lalalão", uma tarde, uma noite e a manhã seguinte — permanecendo, assim, dentro da clássica unidade de tempo. Diferentemente, as narrativas do tipo $Xe(B)$... ou $Xe(C)$..., com exceção de "Festa de Manuelzão", abrangem fases inteiras da vida dos personagens, vários meses ou mesmo anos.

"Cara-de-Bronze" é uma composição diferente das outras. Sua especificidade salta à vista já a partir da apresentação tipográfica; temos, ao mesmo tempo, um conto, uma seqüência de diálogos, catálogos com nomes de plantas e o fragmento de um roteiro. Tentando, mesmo assim, extrair dessa obra caleidoscópica uma fábula, obtemos o seguinte esquema:

$$^{pret}[XFe \to ZR] \quad Zr \to W_s \underset{imag_1}{opt} (R = ?) + W_s \underset{imag_2}{opt}(X = ?\ XF = ?$$
$$Xe = ?) + Zd(R =\ ), -d(X =) \ldots$$

Na fazenda do Urubùquaquá, a chegada de Grivo (Zr), mensageiro de "Cara-de-Bronze", é comentada pelos vaqueiros, curiosos por detalhes [W_s opt (R=?)]. [Sabe-se que o fazendeiro "Cara-de-Bronze" (X), esquisito (F) e preocupado com "alguma coisa" (e), mandara Grivo fazer essa viagem (^{pret}XFe → ZR)]. Moimeichego (Moi|me|ich|ego), W_1, o narrador, indaga dos vaqueiros sobre o enigmático "Cara-de-Bronze": origem e fisionomia (X = ?), seu caráter estranho (XF=?), suas preocupações e pensamentos (Xe= ?). Todas as informações são contraditórias e não passam de conjeturas. O mesmo enigma envolve a missão de Grivo. Diz-se que "Cara-de-Bronze" queria saber dele coisas bem estranhas, por exemplo: "o coqueiro coqueirando" ou "o ensol do sol nas pedras e folhas". O próprio Grivo conta aos vaqueiros o que viu [Zd(R=?)]; é um levantamento de tudo que existe no sertão: plantas, bichos, paisagens, pessoas[13]. Contudo, além disso,

(13) Há uma interpretação dessa viagem como "Demanda da Palavra e da Criação poética"; cf. Benedito Nunes, "A viagem do Grivo", em *O Dorso do Tigre*. (Ensaios). São Paulo, Ed. Perspectiva, 1969. pp. 181-195.

não teria a viagem um objetivo especial (R=?)? Grivo nada diz sobre as razões de "Cara-de-Bronze" tê-lo enviado [Z-d(X=)], e apenas dá respostas evasivas ou ambíguas.

Nessa altura, a narrativa — aberta, com um leque de probabilidades — recebe uma espécie de desfecho "construído":

... $W_2d[^{pret}(X'a'Y' \to bX') \leftarrow X:\ ^{pret}\text{-}aY'!]$

O velho vaqueiro Tadéu (W_2) põe-se a contar a história de um jovem (X') que atirara contra o pai (a'Y') em legítima defesa, pensou tê-lo morto e fugiu, autocastigando-se pelo afastamento definitivo de sua terra, de sua noiva etc. (bX'). Quarenta anos mais tarde, vem a saber que o pai não tinha sido atingido (X: ^{pret}-aY'!). Essa seqüência, acrescentada no fim, levanta a suspeita de que aquele homem era "Cara-de-Bronze", e que foram aqueles fatos que condicionaram seu estranho comportamento.

Apesar de "Cara-de-Bronze" apresentar certos constituintes comuns às narrativas do tipo "delito e sanção" (a → b) e do tipo "consciências angustiadas" (Xe...), nada ganharíamos com uma classificação da obra dentro de uma dessas tipologias. "Cara-de-Bronze" afigura-se essencialmente como pesquisa sobre a narração, experimentação das mais variadas técnicas, entre as quais a perspectiva múltipla e a justaposição de conjeturas. Dentre estes, certos procedimentos serão retomados mais tarde, em *Primeiras Estórias* e *Tutaméia*.

Finalmente, algumas observações sobre a constelação dos personagens em *Corpo de Baile*. A dupla protagonista-antagonista, característica dos contos de *Sagarana,* só é mantida em "O Recado do Morro" (Pê-Boi contra Ivo e seus companheiros) e "Dão-Lalalão" (Soropita contra Dalberto e Iládio). As narrativas do tipo "consciências angustiadas" são estruturadas em torno de um único protagonista: Miguilim, Manuelzão, Lélio, Lalinha. Aqui também há conflito, mas interiorizado. Dentre os personagens, "Cara-de-Bronze", figura essencialmente enigmática, constitui evidentemente uma exceção.

A importância do "terceiro" personagem (Z) é mantida. Como em *Sagarana,* ele quase sempre tem a função de intervir, na fase final, a favor do protagonista: assim, o médico em "Campo Geral", o mendigo Camilo em "Festa de Manuelzão", o Morro da Garça com sua "mensagem" em "O Recado do Morro". Nos três casos trata-se da figura do auxiliar mágico, onipresente nas narrativas populares[14]. Afora os auxiliares mágicos, atribuímos a codificação *Z* também ao personagem do Grivo, a D. Rosalina e ao Buriti-Grande; aos dois primeiros por serem confidentes e ajudantes do protagonista, ao último — símbolo erótico — por ter função de catalisador para o desenvolvimento do enredo principal.

Mas o elemento que mais diferencia a constelação de personagens de *Corpo de Baile* em relação à obra de estréia é a presença de inúmeros personagens secundários. Pululam nas narrativas do tipo "consciências angustiadas", constituindo o ambiente social do protagonista: em "Campo Geral", os irmãos de Miguilim, os pais, a avó, os demais parentes, os agregados, os moradores da redondeza; em "Festa de Manuelzão", os vaqueiros, os parentes de Manuelzão, os mendigos, o padre, o fazendeiro etc.; em "Lélio e Lina", os demais vaqueiros com suas famílias, os agregados da fazenda de Seo Senclér, as prostitutas...; em "Buriti", a família de Iô Liodoro, as amantes, os agregados — entre eles o Chefe Zequiel, um débil mental (umas das melhores caracterizações de personagem, em toda a obra de Guimarães Rosa) — o pessoal da fazenda de Gualberto etc. Nas fórmulas, a presença desse número imenso de comparsas só podia ser anotada sumariamente por esta seqüência de siglas:

$$W_1E_1, W_2E_2, \ldots\ldots\ldots, W_nE_n$$

Cada letra *W* significa um personagem diferente, e cada letra *E*, globalmente, "característica desse personagem". Todas as quatro narrativas em questão passam-se no ambiente de uma fazenda — unidade econômica e social da região — vista cada vez sob um ângulo diferente: da perspectiva de um menino (Miguilim), de um jovem vaqueiro (Lélio), de um administrador já idoso (Manuelzão), de uma jovem mulher da cidade (Lalinha).

(14) É uma coincidência com o auxiliar mágico no material analisado por V. Propp, os contos de fada russos.

Pela caracterização desse meio ambiente e pela configuração dos comparsas, Guimarães Rosa revela-se um minucioso documentador e criador de uma "Comédia Humana" do sertão mineiro. Todas as classes sociais são figuradas: fazendeiros, vaqueiros e lavradores, vagabundos, mendigos, marginais... É justamente na caracterização dos marginalizados, dos debéis mentais, dos miseráveis, que se manifesta um talento especial do autor, que ele continuará a desenvolver no seguinte volume de contos, *Primeiras Estórias*.

5

OS INADAPTADOS
(PRIMEIRAS ESTÓRIAS)

A crítica foi unânime em reconhecer que *Primeiras Estórias*[1] representa uma ruptura em relação às obras anteriores de Guimarães Rosa. Além de uma diminuição considerável do número de páginas para cada narrativa, de uma renúncia a longas passagens descritivas e enredos paralelos, ocorre também uma sensível

(1) 1.ª ed., 1962. As citações, com a abreviação *PE* e indicação de página, referem-se à 3.ª ed. de *Primeiras Estórias*, 1967.

redução do colorido regional. A inovação que isso representou na obra, e a especificidade do gênero são, aliás, duplamente anunciados no título: "Primeiras", evidentemente, e "Estória", que corresponde aproximadamente ao que a crítica anglo-americana chama de *short story*. Seu efeito resulta da condensação do enredo em poucas páginas, geralmente com desfecho inesperado, necessitando ser lida de um só fôlego. A *short story* nasceu na primeira metade do século XIX, para satisfazer às necessidades de uma literatura de consumo em constante crescimento, ligada à expansão de jornais, revistas e outros periódicos. Não é por mera coincidência que quase todas as narrativas que integram *Primeiras Estórias* foram publicadas antes, em vários números de dois periódicos cariocas: no jornal *O Globo*, e na revista *Senhor*[2].

No entanto, essas diferenças óbvias são insuficientes para explicar a evolução "em termos de composição e estrutura", de que falou bastante vagamente Wilson Lousada[3]. Impõe-se analisar os constituintes dessas narrativas. Aqui também pretendemos elaborar uma tabela que permita comparar as 21 fábulas de *Primeiras Estórias,* segundo suas propriedades estruturais.

A composição do livro sugere que comecemos a descrição pelos contos inicial e terminal ("As Margens da Alegria" e "Os Cimos"), a "moldura" para as demais estórias. A coesão desse quadro é dada pelo mesmo protagonista, um menino.

"As Margens da Alegria" são a estória desse menino que faz sua primeira viagem e descobre o mundo. Para ele, toda a beleza se condensa num magnífico peru da fazenda do tio. Mas, por ocasião de uma festa, mata-se o peru, e o menino, pela primeira vez, "recebeu em si um miligrama de morte" (*PE*, p. 6). No fim do dia, porém, aparece outro peru no quintal e se aproxima da cabeça degolada do primeiro começando a bicá-la ferozmente, o que provoca o espanto e não-entendimento do menino. Ora, logo depois, passa

---

(2) Ver Plínio Doyle, "Bibliografia de e sobre J. G. Rosa", em *Em Memória de João Guimarães Rosa,* Rio, J. Olympio Ed., 1968. pp. 209-210.

(3) Cf. *supra,* p. 17, nota 23.

voando um vagalume, e esse momento "era, outra vez em quando, a Alegria" (*PE,* p. 7).

Dada certa afinidade do Menino com Miguilim, de "Campo Geral", podemo-nos servir de elementos de codificação já conhecidos. O núcleo narrativo, aqui também, é o predicado *Xe* ("uma consciência inquieta"), experiência marcada pela alegria (*D*) e a tristeza (*-D*), que se condicionam mutuamente. Esquematizada, a fábula de "As Margens da Alegria" se resumiria nesta fórmula:

$$XD_1 + Xe_1 (-D) + e_2 \left(\frac{-D}{D}\right) + XD_2,$$

em que

XD_1: "o estado inicial de plenitude, a alegria do menino"

$Xe_1 (-D)$: "a tristeza e inquietação, causadas pela morte do peru"

$Xe_2 \left(\frac{-D}{D}\right)$: "a experiência da coexistência de alegria e tristeza"

XD_2: "o fim feliz: outra vez... a Alegria".

O conto final, "Os Cimos", relata uma segunda viagem do menino, enviado para a fazenda do tio, por causa de uma doença da mãe. No avião, o menino, pensativo, recusa-se a ficar alegre, enquanto sua mãe estiver doente. Quase como num ritual, retira o chapeuzinho do seu brinquedo preferido, um boneco macaquinho, e o joga fora. Na fazenda, é mais uma vez a descoberta de um pássaro que lhe traz consolo e alegria: um tucano colorido que todas as manhãs, ao raiar do sol, passa voando. Com a notícia do restabelecimento da mãe, o menino, contente, pode voltar. Mas no avião, de repente, percebe que esqueceu o brinquedo, o macaquinho, e se põe a chorar. "Mas, então, o moço ajudante do piloto veio trazer-lhe, de consolo, uma coisa: [...] o chapeuzinho vermelho, de alta pluma, que ele, outro dia, tanto tinha jogado fora!" (*PE,* p. 175). O menino fica radiante de alegria e procura reter esse momento de felicidade, o "inesquecível de-repente".

A fábula codificada de "Os Cimos" seria esta:

$$Xe_1(-D) \ldots\ldots + XD_1 + XD_2 + Xe_2(-D)$$
$$\to X-opt(D) \ldots\ldots\ldots \to XD_3!$$

Explicação:

$Xe_1(-D)$: "o estado inicial de tristeza do Menino, causado pela doença da mãe"

$X\text{-}opt(D)$: "sua renúncia à alegria, por solidariedade com a mãe"

XD_1: "a alegria, trazida pelo pássaro"

XD_2: "a alegria, trazida pela notícia do restabelecimento da mãe"

$Xe_2(-D)$: "a tristeza, causada pela perda do brinquedo preferido"

XD_3: "a alegria, por reencontrar o que, num gesto de desprendimento, jogara fora: o chapéu do macaquinho".

O tema comum aos dois contos é a coexistência de alegria e tristeza. O parentesco do menino com Miguilim é longínquo, uma vez que aqui a presença dos elementos sertanejos é muito menos marcante. O desfecho segue, ambas as vezes, um padrão de composição já conhecido: a substituição da inquietação do protagonista por um final otimista, ao qual se acrescenta, em "Os Cimos", uma conotação moralista: o "bom menino", que soube desprender-se de uma parte do seu brinquedo preferido, é recompensado.

Essa leitura, no entanto, é incompleta. Sob a estrutura "pedagógica", manifesta no plano do enredo, existe, no plano estilístico, a representação de um processo de percepção: um menino que descobre o mundo, menino que tem o "pensamentozinho [...] ainda na fase hieroglífica" (*PE*, p. 7). Esta expressão sintetiza não só o caráter enigmático que as coisas encerram para o menino, mas ainda o processo de apropriação delas através de uma representação imagética, de uma escritura mental primordial. Nesse momento, Guimarães Rosa chega a transformar elementos estilísticos em unidades da fábula: a admiração do menino pelos dois pássaros coincide com a função narrativa "alegria" (*D*). Confrontada com esse fenômeno, a gramática narrativa não pode restringir-se a descrever o plano do enredo (como postula Todorov), mas tem que levar em conta o plano verbal.

O conto "O Espelho" (inserido "em espelho" nas *Primeiras Estórias,* isto é, exatamente no meio) mostra um personagem que vive a duvidar da realidade dos fenômenos, das aparências. Desassossegado, procura esclarecer suas perguntas mediante longas experiências com um objeto cuja propriedade e função é, simultaneamente, representar o real e criar o virtual: o espelho. A melhor maneira, talvez, de resumir os estranhos experimentos desse personagem seja fazer uma colagem de citações básicas:

"O espelho inspirava receio supersticioso aos primitivos, aqueles povos com a idéia de que o reflexo de uma pessoa fosse a alma. Via de regra, sabe-o o senhor, é a superstição fecundo ponto de partida para a pesquisa." (*PE,* p. 73.)

....

"Desde aí, comecei a procurar-me — ao eu por detrás de mim — à tona dos espelhos, em sua lisa, funda lâmina, em seu lume frio." (*Ibidem.*)

....

"Quem se olha em espelho, o faz partindo de preconceito afetivo [...] O que se busca, então, é verificar, acertar, trabalhar um *modelo* subjetivo, preexistente; enfim, ampliar o ilusório, mediante sucessivas novas capas de ilusão." (*PE,* pp. 73-74.)

....

"Eu, porém, era um perquiridor imparcial, neutro absolutamente." (*PE,* p. 74.)

....

"Operava com toda a sorte de astúcias: o rapidíssimo relance, os golpes de esguelha, a longa obliqüidade apurada, as contra-surpresas, a finta de pálpebras, a tocaia com a luz de-repente acesa, os ângulos variados incessantemente." (*Ibidem.*)

....

"[...] necessitava eu de transverberar o embuço, a travisagem daquela *máscara,* a fito de devassar o núcleo dessa nebulosa — a minha vera forma." (*Ibidem.*)

....

"Concluí que, interpenetrando-se no disfarce do *rosto externo* diversas componentes, meu problema seria o de submetê-las a um bloqueio 'visual' ou anulamento perceptivo, a suspensão de uma por uma..." (*PE,* p. 74-75.)

....

"Um dia [...] me olhei num espelho e não me vi. Não vi nada. Só o campo, liso, às vácuas, aberto como o sol, água limpíssima, à dispersão da luz, tapadamente tudo. Eu não tinha formas, rosto? Apalpei-me, em muito. Mas, o invisto. O ficto. O sem evidência física. Eu era — o transparente contemplador?..." (*PE,* p. 76.)

O fato de termos preferido ao resumo habitual uma colagem de frases do próprio Guimarães Rosa, é metodologicamente intencional. A inovação estrutural dos seus contos, a partir de *Primeiras Estórias*, recoloca em discussão a possibilidade de resumir e as técnicas da "formulização": Com efeito, nessas estórias, o estilo muitas vezes é o enredo. Haroldo de Campos[4] chama atenção para esse fenômeno, analisando "o estágio mais avançado" do experimento do ficcionista mineiro com a prosa, o conto "Meu Tio, o Iauaretê"[5]. Observa o crítico:

"aqui [...] a palavra, ao irromper em primeiro plano, configura a personagem e a ação"[6].

Portanto, o plano estilístico — que em alguns contos de estréia (por exemplo em "São Marcos") tinha sido bastante autônomo em relação à intriga — intervém agora, de maneira dominante, impregnando enredo e personagens. Ainda segundo as palavras de Haroldo de Campos:

"Então já se percebe que, neste texto de Rosa, além de suas costumeiras práticas de deformação oral e renovação do acervo da língua [...] *um procedimento prevalece, com função não apenas estilística mas fabulativa*: a tupinização, a intervalos, da linguagem. O texto fica, por assim dizer, mosqueado de nheengatu, e esses rastros que nele aparecem, preparam e anunciam o momento da metamorfose..."[7].

O estilo passa a confeccionar a fábula e essa evolução dentro da poética narrativa de Guimarães Rosa pode ser considerada de interesse exemplar para o problema metodológico que consiste em relacionar o plano das "grandes" unidades com o plano estilístico.

No conto "O Espelho", os estranhos experimentos realizados pelo protagonista giram em torno das possibilidades da percepção, da imaginação, da expressão lingüística. O próprio narrador-autor sugere esse entendimento:

---

(4) "A Linguagem do Iauaretê". In: *Metalinguagem. Ensaios de Teoria e Crítica Literárias,* Petrópolis, 1967. pp. 47-53.
(5) Publicado na revista *Senhor,* n.º 25 (março 1961). Poucos meses depois, G. Rosa iniciou a publicação avulsa das narrativas que iriam ser reunidas como *Primeiras Estórias.*
(6) "A Linguagem do Iauaretê", p. 48. O protagonista-narrador é um onceiro que narra casos de onça, procurando imitar amiúde a "linguagem" e o "pensamento" da fera, e "acaba, arrastado por sua própria narrativa protéica, transformando-se em onça diante dos olhos de seu interlocutor". (*Ibidem,* p. 50.)
(7) *Op. cit.,* p. 49.

"Se sim, a 'vida' consiste em experiência extrema e séria [...] por precisarem de toque e timbre novos as comuns expressões, amortecidas..." (*PE*, p. 78.)

E, logo ao lado, fornece como complemento uma sugestão para a interpretação:

"...o julgamento-problema, podendo sobrevir com a simples pergunta: — '*Você chegou a existir?*'" (*PE, loc. cit.*)

Reencontramos um binômio conhecido: a inovação formal (estilística) a serviço de um conteúdo existencial-filosofante — o círculo das interpretações panegíricas.

O elemento inovador nesse conto é, à semelhança da "Educação pela pedra" de João Cabral de Melo Neto, uma espécie de "educação perceptiva através de um código-espelho"; o vocabulário existencialista vem de acréscimo. Em termos de gramática da intriga, o núcleo narrativo é formado pelo predicado "imaginação, fantasia, invenção" (codificação: *imag*), que o Autor usara experimentalmente em "Cara-de-Bronze", designando a tentativa do narrador Moimeichego de sondar o caráter do enigmático fazendeiro. Aqui, nas experiências expressas por um código-espelho, o verbo "imaginar" (*imag*) ganha uma nova dimensão: passa a refletir sobre si mesmo, sobre a condição do seu ser. Esquematizaremos assim a fábula do conto "O Espelho":

$$Xe_{imag_1} \ (H = ? \ H' = ?) \rightarrow Xf = e_{imag_2} \ (H = ? \ H' = ?) \rightarrow$$
$$\rightarrow Xe_{imag_3} \ (X = ? \ H' = ?) \ldots$$

Leia-se: A imaginação inquieta, angustiada (e/imag) do protagonista (X) gira em torno da pergunta: o que é o real (H=?), o que é o imaginário (H'=?) Procede a uma série de estranhas experiências (f) com espelhos; por fim, reencontra-se diante dos mesmos problemas.

As siglas novas são o verbo

f: "ação estranha", "esquisita", "anormal", "aloucada"

e os adjetivos

H: "real" e

H': "irreal", "imaginário".

Claro está que a "formulização" de apenas três contos ainda é insuficiente para logo estabelecer uma tabela com todas as fábulas de *Primeiras Estórias*. Por isso e para facilitar a leitura de um quadro sinótico que visualizará nada menos do que 21 esquemas, efetuaremos ainda algumas codificações preparatórias. Por enquanto, a nossa perspectiva de conhecimento é um pouco parecida com a do Menino no avião. Tanto no primeiro como no último conto (emoldurando as *Primeiras Estórias*) há a presença dominante da *ave* (peru, tucano) e do *avião*. É um sertão visto *à vol d'oiseau*: "Se homens, meninos, cavalos e bois — assim insetos?" (*PE*, p. 3) — fórmula sintética para designar os personagens todos de *Primeiras Estórias*: meninos em "A Menina de Lá", "Pirlimpsiquice", "Partida do Audaz Navegante"; bois em "Seqüência"; cavalos em "O Cavalo que Bebia Cerveja"; homens nos demais... Temos, pois, que nos aproximar desse mundo que o menino enxerga de lá de cima e procurar conhecer o grau de temática regional, analisando a extensão quantitativa das novas funções: *imag, HH', f*.

Os motivos "imaginação" e "invenção" aparecem em vários outros contos, por exemplo em "Pirlimpsiquice":

$$X_{s1}r'H, -opt(X_{s2}r'H) \to imag(H'_1) \ldots\ldots$$
$$X_{s2}opt(r'H?) \ldots\ldots \to imag(H'_2) \quad + X_s - rH \leftarrow rH'_2 + H'_1.$$

Um grupo de alunos (X_{s1}) ensaia uma peça de teatro (r'H). Não querem contar a intriga aos outros [-opt(X_{s2}r'H)] e, para despistá-los da "estória de verdade" (H), inventam outra, "a nossa estória" [imag(H'$_1$)]. O outro grupo (X_{s2}), porém, que deseja conhecer a peça, desconfiado, lança também uma estória inventada [imag(H'$_2$)]. Ambas as estórias circulam, fazendo-se concorrência, cada grupo procurando afirmar a sua. Na hora do espetáculo, falta o ator principal; os alunos começam a improvisar e acabam representando não a peça (-rH), mas uma mistura das duas estórias por eles inventadas (rH'$_2$ + H'$_1$). O espetáculo torna-se um grande sucesso.

Moral da história: o enredo inventado pelos alunos vale muito mais do que o convencional drama edificante (que faz parte da "cultura" e da "boa" educação canonizadas) e ridiculariza os preceitos do mestre de escola, quais:

"— Representar é aprender a viver além dos levianos sentimentos, na verdadeira dignidade." (*PE*, p. 41.)

A invenção de um texto no texto autoriza-nos a interpretar o conto como ilustração da poética do Autor. Há ainda outros índices, por exemplo dois comentários à peça. O primeiro se refere à representação "conforme o escrito no programa", na hora do ensaio geral:

"...disse: que nós estávamos certos, mas acertados demais, sem ataque de vida válida, sem a própria naturalidade pronta..." (*PE*, p. 43.)

O segundo é sobre o espetáculo inventado:

"Sei, de, mais tarde, me dizerem: que tudo tinha e tomava o forte, belo sentido, esse drama do agora, desconhecido, estúrdio, de todos o mais bonito, que nunca houve, ninguém escreveu, não se podendo representar outra vez, e nunca mais." (*PE*, p. 47.)

Pode-se ver nessas linhas mais uma indicação sobre a poética do autor, complementando seu primeiro "programa" literário, expresso em "São Marcos" (*Sagarana*), no poema dos reis babilônicos; e suas pesquisas posteriores em "Cara-de-Bronze" (*Corpo de Baile*), com a fragmentação da narrativa de diversos enfoques[8]. Em *Primeiras Estórias,* Guimarães Rosa chegou a um ponto em que procura representar, *por meio de enredos,* seu programa de dissolver o hábito perceptivo, de fixar com palavras "o inesquecível de-repente", de criar uma "obra aberta".

O mesmo tipo de construção — invenção de uma estória dentro da estória — caracteriza também o conto "Partida do Audaz Navegante":

$$[\text{Ximag}(H') \ldots] Y_1 - BY_2 \to \text{Ximag}(H'_1 - BH'_2) + H' = H! \to$$
$$\to \text{Ximag}(H'_1 BH'_2) \to Y_1 BY_2.$$

(8) Cf. *supra,* pp. 52 e 80.

A protagonista é Brejeirinha (X) menina que perturba suas irmãs, Pele e Ciganinha, e seu primo Zito com "perguntas de criança":

"— Sem saber o amor, a gente pode ler os romances grandes?" (*PE*, p. 116.)

Ciganinha (Y_1) e Zito (Y_2) brigam (-B). Brejeirinha inventa um personagem, o "Aldaz Navegante" (H'_1), que amava uma moça mas partiu para o mar, tendo que se separar dela (-BH'_2). As crianças saem para dar um passeio e descobrem um tufo de capim. boiando na água, encimado por um cogumelo — a prova de que o Audaz Navegante "existe" ($H'=H!$). Brejeirinha termina a estória: o Audaz Navegante voltou para a sua namorada ($H'_1BH'_2$). Ciganinha e Zito olham-se com amor, "se disseram coisas grandes em palavras pequenas".

Aqui também, a estória "inventada" repercute e se sobrepõe à estória "real", imita-a, influi sobre ela. Brejcirinha não só parodia o comportamento dos mais velhos, como também sua linguagem:

"Pele levantou a colher: — '*Você é uma analfabetinha* '*aldaz*' — '*Falsa a beatinha é tu!*' — Brejeirinha se malcriou." (*PE*, p. 117.)

A criança, que aparentemente não entende a significação das palavras, intui a possibilidade de utilizá-las ironicamente, expressando assim uma postura do narrador, que se coloca ao lado de personagens iletradas para pôr em dúvida a linguagem "certa".

"Partida do Audaz Navegante" também pode ser lido como uma estória de amor, formando assim um grupo com três outros contos:

"Seqüência":

Zopt(B) → Xopt(Z) = imag(B')? + ZcX → XBY.

Uma vaca (Z) atravessa o sertão, "por amor, não por acaso" [Zopt(B)]. Ninguém consegue capturá-la. Por alguma razão, um moço (X) se põe a persegui-la, tenazmente, durante horas e horas, até depois do cair

*da noite. A vaca revela-se um auxiliar mágico (ZcX):
por causa dela o rapaz encontra uma moça (Y) — o
amor que sonhava.*

"Luas-de-Mel":

$$^{\text{pret}}[X,YoptB^2 \leftarrow W-opt] \rightarrow X,Yopt(Z_1c) \rightarrow \begin{matrix} Z_1cX,Y \rightarrow XB^2Y \\ X,YcZ_1 \rightarrow Z_1B^2Z_2 \end{matrix} +$$
$$+ \ Wopt(XB^2Y).$$

Um rapaz e uma moça (X,Y) pedem proteção ao fazendeiro Joaquim Norberto (Z_1); o rapaz raptara a moça, porque o pai dela (W) era contra o casamento. Por isso, temem ser perseguidos pelos seus jagunços. J. Norberto dá hospedagem e, com seus homens, prepara a defesa. O moço e a moça se casam (XB^2Y). Ao mesmo tempo, a presença dos noivos, "amor muito", faz com que J. Norberto, já de idade, reviva o amor com sua mulher Sá Maria Andreza (Z_2). Um mensageiro traz a notícia de que o pai da moça consentira com o casamento.

"Substância":

$$Y_s(XF), -optX \leftarrow Y_1opt(B^2X) + c! \rightarrow Y_1B^2X.$$

Maria Exita (X) trabalha nas plantações de Sionésio; ao sol ardente, rala a mandioca, transformando-a em polvilho. Sua mãe, leviana, a abandonara; o pai é leproso; os irmãos são criminosos — por isso todos a evitam, "nela homem nenhum tocava" [Y_s (XF), -optX]. Sionésio (Y_1), tímido, gosta dela, mas também está com receio. Acontece o milagre (c): a sublimação dos sentimentos de Sionésio pela presença do polvilho, brancura simbólica; ele pede Maria Exita em casamento.

Característica comum dessas estórias de amor é a presença de um ajudante ou auxiliar mágico (Zc ou c): a vaca que conduz o rapaz até à moça, o fazendeiro que dá proteção aos noivos, o polvilho que age como elemento aproximador entre o fazendeiro e sua empregada. São modernos contos de fada que devem seu caráter artístico à força do estilo, a uma verdadeira ourivesaria literária, em que cada frase, cada palavra é trabalhada minuciosamente. Bastaria isso, contudo, pra confirmar uma posição de vanguarda? Se for válida a observação de um crítico [9] de que tudo o que se escreveu, depois de 1956, na literatura brasileira, deve ser medido pela qualidade do *Grande Sertão* — esse critério se aplicaria também ao próprio Guimarães Rosa.

Como aceitar numa estória tipo "Substância" a mitificação do polvilho, essa "estetização da mandioca" (no entanto básico e quase que único produto de alimentação de grande parte daquela região)? É o polvilho, "a ardente espécie singular, secura límpida, material arenoso" (*PE*, p. 154) que "purifica" a mancha familiar da pobre Maria Exita:

"Mas de repente, ele se estremeceu daquelas ouvidas palavras. De um susto vindo de fundo: e a dúvida. Seria ela igual à mãe? — surpreendeu-se mais. Se a beleza dela — a frutice, da pele, tão fresca, viçosa — só fosse por um tempo, mas depois condenada a engrossar e se escamar, aos tortos e roxos, da estragada doença? — o horror daquilo o sacudia. [...] Mesmo, sem querer, entregou os olhos ao polvilho, que ofuscava, na laje, na vez do sol. Ainda que por instante, achava ali um poder contemplado, de grandeza, dilatado repouso, que desmanchava em branco os rebuliços do pensamento da gente, atormentantes.

"A alumiada surpresa.

"Alvava.

"Assim; mas era também o exato, grande, o repentino amor — o acima. Sionésio olhou mais, sem fechar o rosto, aplicou o coração, abriu bem os olhos. Sorriu para trás. Maria Exita. Socorria-a a linda claridade. Ela — ela! Ele veio para junto. Estendeu também as mãos para o polvilho — solar e estranho: o ato de quebrá-lo era gostoso, parecia um brinquedo de menino. Todos o vissem, nisso, ninguém na dúvida. E seu coração se levantou. — 'Você, Maria, quererá, a gente, nós dois, nunca precisar de se separar? Você, comigo, vem e vai?' Disse, e viu. O polvilho, coisa sem fim." (*PE*, p. 156.)

Estamos em plena atmosfera de conto de fadas, em que o rico se casa com a mais humilde de suas criadas. Mas a representação de um mundo "são e salvo", já observou Lukács, não mais oferece margem para a realização artística.

O elemento fantástico de cunho "Tout est pour le mieux dans le meilleur des mondes possibles", no entan-

---

(9) Augusto de Campos. "Um lance de 'dês' do Grande Sertão." *Rev. do Livro* 16, (1959), p. 27.

to limita-se a um grupo menor de contos. Na maior parte, o enredo não é pretexto para exercícios estilísticos na "torre de marfim". Um desses contos é "Os Irmãos Dagobé":

$$\text{pret}[Wb^1X_1] \rightarrow Y_s\text{ima}_{\overline{c}}(X_2,X_3,X_4{}^{fut}a^1W) \leftarrow W^f_{cX_2},\ldots +$$
$$+ X_2,X_3,X_4 - a^1W!$$

A cena inicial consiste no velório de Damastor Dagobé (X_1), homem perverso, temido por todos, morto ao provocar Liojorge (W), rapaz "pacífico e honesto". O povo (Y_s) começa a cochichar e põe-se a imaginar a vingança dos três irmãos do defunto, Derval, Doricão e Dismundo (X_2, X_3, X_4): um assassínio provavelmente cruel, preparado cinicamente. Para grande espanto, aparece Liojorge, para ajudar a carregar o caixão. A opinião geral: "Um doido — e as três feras loucas". No auge da expectativa, os irmãos Dagobé nada fazem contra Liojorge, mas antes anunciam que irão se mudar para outra cidade.

Há uma série de ações que parecem inexplicáveis: os irmãos Dagobé, mal-afamados, não cumprem a vingança; o tímido Liojorge, de sua parte, ao invés de se esconder ou fugir, vai para a casa dos inimigos e se oferece a carregar o caixão — comportamentos que parecem desafiar qualquer lógica, verossimilhança ou motivação psicológica previsível.

Todavia, nem interessa especular sobre causas psicológicas, pois no texto, as motivações foram deixadas propositadamente de lado, porque os verdadeiros protagonistas não são os irmãos Dagobé nem o Liojorge, mas o povo, o "pessoal" que assiste ao velório e ao enterro e comenta os fatos. São esses comentários que compõem o enredo: uma trama que, segundo todos, deverá seguir a lei do mais forte: "sangue por sangue" (pois não se diz que "no lugar, ali nem havia autoridade"? (*PE*, p. 28.)

Contrasta com esse enredo imaginado o que efetivamente acontece. Liojorge tenta explicar aos irmãos do defunto que agira em legítima defesa:

"...afiançava que não tinha querido matar irmão de cidadão cristão nenhum, puxara só o gatilho no derradeiro do instante, por dever de se livrar, por destinos de desastre! Que matara com respeito. E que, por coragem de prova, estava disposto a se apresentar, desarmado, ali perante, dar a fé de vir, pessoalmente, para declarar sua forte falta de culpa, caso tivessem lealdade." *(PE,* p. 28.)

Os irmãos Dagobé, de seu lado, não são tão terríveis como o povo os vê, mas sofrem a má fama do irmão defunto, este verdadeiramente perverso, que "botara na obrigação da ruim fama os mais moços" *(PE,* p. 26). Essas duas caracterizações objetivas, mas isoladas, desaparecem em meio das inúmeras outras em que é questão da imaginada sede de vingança dos Dagobé, "que não conseguiam disfarçar o certo solene contentamento" (p. 27), que "saboreavam já o sangrar" *(ibidem),* e do Liojorge que "devia de estar em o se agachar", que "de medo... doidara", que "já estava sentenciado" (p. 28) etc.

Entre a maneira de o povo ver as coisas e os acontecimentos efetivamente ocorridos, opera-se um jogo de distância narrativa, de atitude do narrador em relação ao narrado. Na maior parte do texto, o narrador confunde-se com o povo, fornecendo bons exemplos de uma *vision avec* [10]:

"Depois do cemitério, sim, pegavam o Liojorge, com ele terminavam." (p. 27.)

Em vários momentos, porém, o narrador dá um sinal de uma atitude mais distanciada, deixando claro que é o povo que vê os acontecimentos assim:

"espantavam-se de que os irmãos não tivessem obrado a vingança" (p. 27).
"sendo o que se comentava, aos cantos, sem ócio de língua e lábios." *(Ibidem.)*

No fim do conto, a porcentagem desses índices de distanciamento começa a aumentar:

"Olhavam com ódio os Dagobés — fosse ódio do Liojorge. *Suposto isso,* cochichava-se." (p. 29.)

---

(10) Segundo a tipologia das perspectivas narrativas em J. Pouillon, *Temps et roman,* Paris, 1946, *apud* Todorov, *Littérature et signification.* Paris, 1967, p. 80.

"Os três Dagobés, armados. Capazes de qualquer supetão, já estavam de mira firmada. *Sem se ver, se adivinhava.* "E agora, *já se sabia*: baixado o caixão na cova, à queimabucha o matavam: no expirar de um credo." (*Ibidem.*)

Na hora do desfecho, o personagem-narrador afirma explicitamente a subjetividade coletiva:

"Doricão [...] olhou-o curtamente. Levou a mão ao cinturão? Não. *A gente era que assim previa, a falsa noção do gesto.*" (p. 30.)

"Os Irmãos Dagobé" é, pois, uma estória sobre a imaginação coletiva (codificação: *imag*), mas diferente do tipo das anteriormente analisadas; não se trata mais de crianças, mas de adultos que inventam estórias, e essa diferença é significativa. Pois a fabulação, a fantasia, a vida numa certa irrealidade ou realidade lúdica são característica natural do *status* das crianças, dos ainda-não-adultos. Se os adultos, por seu lado, passam a sobrepor ao real o irreal, a fantasia, o imaginário, esse conto nos dá, então, uma informação referencial: é modelo para uma sociedade sertaneja que se caracteriza pelo desajustamento coletivo diante da realidade social.

Em seguida são apresentados em tabela os esquemas de todas as fábulas de *Primeiras Estórias*. A primeira parte da Tabela 3 (p. 98) resume os contos codificados até aqui[11]. A segunda parte (p. 99) agrupa as demais fábulas, sendo que todas se caracterizam pela função narrativa *f*, "ação estranha", "esquisita", "anormal", "aloucada" (ou por uma combinação de *f* e *imag*), já identificada em "O Espelho" e "Os Irmãos Dagobé".

(11) Foi inserido nessa 1.ª parte o conto "Fatalidade", que estruturalmente pode ser aproximado do núcleo narrativo $X\ imag(H') \to [H'{>}H]$, no entanto sem se enquadrar nele integralmente. A leitura do esquema é esta: Um amigo do narrador, "de vasto saber e pensar, poeta, professor e [...] delegado de polícia (X), é procurado por um pobre trabalhador, Zé Centeralfe, solicitando ajuda contra o valentão Herculinão (Y), que estaria cobiçando constantemente sua mulher. Tentaram escapar à perseguição, mas não conseguem. O delegado dá-lhe a entender que para esses casos existem armas de fogo; ele mesmo o acompanha e Herculinão é morto a tiros. (Durante o episódio todo, o delegado vive citando os gregos, considerando esse caso como ilustração e demonstração da sua filosofia.)

TABELA 3 (Primeira Parte):
Esquemas das fábulas de PRIMEIRAS ESTÓRIAS

(Por ordem de semelhança estrutural. O número que acompanha o título remete à página onde a fórmula é explicitada.)

"As Margens da Alegria" (pp. 84-85):
$$XD_1 + Xe_1(-D) + e_2(-\overset{\frown}{B}) + XD_2.$$

"Os Cimos" (pp. 85-86):
$$Xe_1(-D) \ldots\ldots + XD_1 + XD_2 + Xe_2(-D)$$
$$\to X-\mathrm{opt}(D) \ldots\ldots\ldots\ldots\ldots\ldots \to XD_3!$$

"O Espelho" (pp. 87-88-89):
$$\underset{\mathrm{imag}_1}{Xe}\;(H = ?\;H' = ?) \to Xf = e\;\underset{\mathrm{imag}_2}{(H = ?\;H' = ?)} \to \underset{\mathrm{imag}_3}{Xe}\;(H = ?\;H' = ?) \ldots$$

"Pirlimpsiquice" (pp. 90-91):
$$X_{a_1}r'H,\;-\mathrm{opt}(X_{a_2}r'H) \to \mathrm{imag}(H'_1) \ldots\ldots\ldots + X_{a_3}-rH \leftarrow rH'_2 + H'_1. \;[H' > H].$$
$$X_{a_2}\mathrm{opt}(r'H?) \ldots\ldots\ldots \to \mathrm{imag}(H'_2)$$

"Partida do Audaz Navegante" (pp. 91-92):
$$[\mathrm{Ximag}(H')\ldots]\;Y_1 - BY_2 \to \mathrm{Ximag}(H_1 - BH_2) + H' = H! \to \mathrm{Ximag}(H'_1BH'_2) \to Y_1BY_2.$$

"Seqüência" (pp. 92-93):
$$Z\mathrm{opt}(B) \to X\mathrm{opt}(Z) = \mathrm{imag}(B')? + ZcX \to XBY.$$

"Luas-de-Mel" (p. 93):
$$\mathrm{p^{ret}}[X, Y\mathrm{opt}B^2 \leftarrow W-\mathrm{opt}] \to X, Y\mathrm{opt}(Z_1c) \to \begin{array}{l} Z_1cX, Y \to XB^2Y \\ X, YcZ_1 \to Z_1B^2Z_2 \end{array} + W\mathrm{opt}(XB^2Y).$$

"Substância" (pp. 93-94):
$$Y_s(XF),\;-\mathrm{opt}X \leftarrow Y_1\mathrm{opt}(B^2X) + c! \to Y_1B^2X.$$

"Os Irmãos Dagobé" (pp. 95-96-97):
$$\mathrm{p^{ret}}[Wb^1X_1] \to Y_1\mathrm{imag}(X_2, X_3, X_4{}^{\mathrm{tu}}{}^{\mathrm{t}}\mathrm{a}^1W) \to W_e^f x_2, \ldots + X_2, X_3, X_4 - a^1W!$$

"Fatalidade" (p. 97, nota 11):
$$W^dX(YaW) + \mathrm{o^{nt}}(X_cW) \to X_c \to W.Xb^1Y.$$

"A Benfazeja" (pp. 101,105,107):

$$^P[X_{2a}Y_s, X_{3a}Y_s] \ X_1f = \begin{matrix} b^1X_2, bX_3 \leftarrow X_1cX_2 \\ cY_s \ldots \ldots \leftarrow Y_sd(X_1a), \end{matrix} \ldots\ldots\ldots\ldots\ldots\ldots \begin{matrix} \leftarrow Y_sa^4X_1, \ X_1 \text{---} \\ -optX_1 \leftarrow X_1cY_s \end{matrix}.$$

"Nenhum, Nenhuma" (pp. 102,103,106):

$$\text{We} \underset{\text{imag}}{\ } {}^P[Y_{opt}B^2X \leftarrow X\text{--}optB^2, \text{opt } B' \to Y\text{--}opt(Xf), -B^2X] + Wd(X_1, Y_1 = F) = ? \ [X_1, Y_1 = X, Y?\ ]$$

"Sorôco, Sua Mãe, Sua Filha" (pp. 105,108):

$$Y_1, Y_s\text{--}optX_1, X_2F + X_1, X_2f \leftarrow Y_1, Y_sf.$$

'Tarantão, Meu Patrão" (pp. 100,105,108):

$$^P[Y_s\text{--}optXF] \ Xf_1 = {}^d_s(b^1Y_s) \to W_1\text{--}opt(Xf) \leftarrow W_1f_2 + Xf_3 \to W_sf_4 \leftarrow X\text{--}b^1Y_s, {}^d_{f5} \rightleftarrows Y_sd(optX).$$

"A Terceira Margem do Rio" (pp. 100,106,108):

$$Xf \to Y_s\text{--}opt(Xf) \leftarrow Xf + Y_1opt(f) \to Y_1f' \leftarrow \text{---} f + opt({}^{fut}f).$$

'Famigerado" (pp. 100,106,107):

$$Xf = opt(Yd(H = ?)) \to Y(f = a'), \ \text{---}opt(X) \leftarrow Yd(H = Y_sopt X).$$

'O Cavalo que Bebia Cerveja" (p.106):

$$Xf \to Y_1f(f = a), \ \text{---}opt(X) \leftarrow XcY_1 + Y_1, Y_sr(X^pa) \to Y_1, Y_s\text{imag}(X^pa?) + XcY, \ X\text{---}.$$

"A Menina de Lá" (p. 107):

$$XF = {}^{imag}_{d}(H') \to Y_s\text{--}opt(XF) + X^f_{cYs} \rightleftarrows Y_sopt(XF = cY_s) + X \longrightarrow Y_s\underset{\text{imag}}{opt} (X'c).$$

"Um Moço Muito Branco" (pp.100,107):

$$Xf_1 \to Y_sopt(X) \leftarrow Y_1 \text{--} > (X), d(f = a) + Xf_2 \to Y_1opt(X) + X^{f\,3}_{cY1} + X\text{---} \to Y_1, Y_sopt(X).$$

"Nada e a Nossa Condição" (p. 107)

$$Xf_1 + Xc \dotplus {}_{Y^s} \to Y_sopt(XF = cY_s) \leftarrow \text{---}opt(X) + X\text{---} + bY_s \to Y_sf, \ opt(c).$$

"Darandina" (pp. 107,108):

$$XFf_1 + f_2, d(X = W = F) \to Y_sopt(X) + X\text{--}F, \ opt(Y_s cX) \leftarrow Y_sf\text{=}opt(a^1X) \to Xi = Xf \to Y_s\text{--}a^1X.$$

O que se impõe logo à atenção é a freqüência da função narrativa f (14/21). Verificamos que em *Primeiras Estórias* esse tipo de ação se repete muito, nas mais diversas formas: um jagunço cavalga léguas e léguas, até a casa de um médico, só para perguntar a significação de uma palavra que o intriga ("Famigerado"); um moço, de origem desconhecida e aspecto e comportamento estranhos, aparece depois de uma catástrofe num povoado e realiza vários milagres ("Um Moço Muito Branco"); um louco, internado, foge em disparada, arrastando consigo um bando de marginais, vagabundos, ciganos ("Tarantão, Meu Patrão"); um pai abandona um dia sua mulher e seus filhos e entra numa canoa para sair até o meio do rio, onde permanecerá a vida toda ("A Terceira Margem do Rio")...

Qual a significação dessas ações estranhas, anormais, tresloucadas? Comumente, as *Primeiras Estórias* foram entendidas pela crítica como narrativas "filosóficas, com forte cunho fantástico"[12], e afastou-se explicitamente a interpretação dos seus protagonistas como casos clínicos, a favor de uma hermenêutica do "irreal, do irracional, do mágico — numa palavra, da poesia"[13]. Ora, para quem insere as *Primeiras Estórias* dentro da evolução da poética de Guimarães Rosa, não existe nenhuma razão para se excluir, de antemão, uma leitura que aborde os constituintes narrativos no seu valor referencial. As doenças mentais, em primeiro lugar, não são metáforas inventadas pelo escritor, mas comportamentos que têm um fundamento real, psicossomático. Pelo modo de caracterizar certos personagens de *Corpo de Baile,* por exemplo o pai de Miguilim, Guimarães Rosa faz-nos enxergar as raízes reais do distúrbio mental: a subalimentação crônica acarretando vida mental vegetativa, a sobrecarga de trabalho pesado — fatores que produzem tensões nervosas que podem ir além da capacidade do indivíduo e resultar em comportamentos de agressividade incontrolada ou em casos psicopatológicos. *Corpo de Baile* é povoado por esses indivíduos, estigmatizados pelos sintomas de subdesenvolvimento e marginalizados pelo sistema econômico-social — basta

(12) Lind. "Rosa, der Epiker des Sertão". *Die Tat,* (Zurique), 13-7--1968.
(13) Rónai. "Os vastos espaços". *Op. cit.,* p. XIII.

pensar em personagens como Gorgulho, Qualhacôco, Guégue, Nomindomine, o Coletor, o Chefe Zequiel...

Em *Primeiras Estórias,* o número de marginalizados — miseráveis ou débeis mentais (correspondendo aos Xf nas fórmulas) — é ainda maior. Um caso típico é o da Mula-Marmela, protagonista do conto "A Benfazeja", caracterizada como "furibunda de magra, de esticado esqueleto, e o se sumir de sanguexuga, fugidos os olhos, lobunos cabelos, a cara [...] o queixo trêmulo [...] a selvagem compostura" (*PE*, p. 125)[14]. O tom de protesto está presente ao longo do texto, pois o narrador se coloca do lado da mendiga defendendo-a contra as hipócritas calúnias dos que se consideram os "bem-pensantes" do lugar. A Mula-Marmela tinha assassinado o marido, Mumbungo, temido por todos como "célebre cruel", "muito criminoso, homem de gostar do sabor de sangue, monstro de perversias" (p. 127). A acusação que o narrador lança à opinião pública que culpa a Mula-Marmela é de serem covardes e falsos, pois "quando ela matou o marido [...], todos aqui respiraram, e bendisseram a Deus" (p. 128).

Apesar de alvo de desprezo e calúnias por parte dos habitantes do lugar, Mula-Marmela, a "benfazeja", livra a cidade de mais uma praga, de Retrupê, seu filho e de Mumbungo, "tanto pronto para ser sanguinaz e cruel perverso quanto o pai". Com ervas venenosas ela o cega, de modo a deixá-lo inofensivo, mas depois cuida dele com ternura. Depois da morte do Retrupê, Mula-Marmela vai embora, para morrer fora desse lugarejo.

O tom de protesto, explícito como nesse conto, não constitui, porém, a regra em *Primeiras Estórias*. Nem se trata, para Guimarães Rosa, de documentar a miséria — apenas nesse conto, "A Benfazeja", o protesto se fez particularmente claro. A interpretação de vários outros contos, no entanto, não pode caminhar nessa linha. Seria um procedimento metodologicamente duvidoso querer resumir ou parafrasear em palavras claras — falsamente claras, porque reles e simplórias — o que Guimarães Rosa codificou intencionalmente como dis-

---

(14) A descrição dessa mendiga e guia de cego lembra o romance de protesto do tipo *El Señor Presidente*, de Asturias, em que o episódio inicial representa o ambiente de um grupo de mendigos.

curso obscuro. Há contos que não se compreendem se tomados apenas em seu valor referencial, como é o caso de "Nenhum, Nenhuma". A tentativa de fazer um resumo, em virtude da dificuldade dessa estória, não escapou a um cunho extremamente fragmentário. "Nenhum, Nenhuma" representa um desafio à codificação, colocando em xeque o método da gramática narrativa. O início do conto já bastará para dar uma idéia da atmosfera em que se desenvolve:

> "Dentro da casa-de-fazenda, achada, ao acaso de outras várias e recomeçadas distâncias, passaram-se e passam-se, na retentiva da gente, irreversos grandes fatos — reflexos, relâmpagos, lampejos — pesados em obscuridade. A mansão, estranha, fugindo, atrás de serras e serras, sempre, e à beira da mata de algum rio, que proíbe o imaginar. Ou talvez não tenha sido numa fazenda, nem no indescoberto rumo, nem tão longe? Não é possível saber-se, nunca mais." (PE, p. 50.)

Mesmo assim, por uma questão de coerência metodológica, mas sem recusar a dimensão crítica — pois nessa aplicação da gramática narrativa importa o aspecto de *teste* — vamos tentar uma "formulização":

$$We \; ^{p}_{imag}[Y opt B^2 X \leftarrow X - opt B^2, \; opt \; B' \rightarrow Y - opt(Xf), -B^2X] + \\ + Wd(X_1, Y_1 = F) = \;?$$

O narrador, um menino (W) tenta rememorar acontecimentos por ele vividos, mas é perturbado por constantes dificuldades. Vivera em companhia de uma moça (X) e de um moço (Y) [e de um casal de velhinhos]. O moço quis casar-se com a moça, mas ela o recusou respondendo: "... esperar, até à hora da morte..., como saber se é o amor certo, o único?" O moço, então, dela se separou. O menino volta para a casa dos pais (X_1, Y_1) e os sente como estranhos.

Entre as lacunas de compreensão que o conto abre, avulta a da relação entre o problema do moço e da moça com o dos pais do menino — já que se insinua uma vaga afinidade. Seria o episódio do moço e da moça (e dos dois velhinhos), que ocupa quase a estória toda, uma visão onírica? Se lembrança de sonho ou lembrança de realidade — talvez seja secundário esclarecê-lo; o que é o cerne do conto é a maneira como

Guimarães Rosa consegue dar forma, expressão verbal, à memória de um personagem que procura apalpar o que há de mais recôndito em si, assim, por exemplo:

> "*Tênue, tênue, tem de insistir-se o esforço para algo remembrar,* da chuva que caía, da planta que crescia, *retrocedidamente, por espaço,* os castiçais, os baús, arcas, canastras, na *tenebrosidade, a gris pantalha,* o oratório, registros de santos, *como se um pedaço de renda antiga, que se desfaz ao se desdobrar,* os cheiros *nunca mais respirados, suspensas florestas,* o porta-retratos de cristal, *floresta e olhos, ilhas que se brancas,* as vozes das pessoas, *extrair e reter, revolver em mim, trazer a foco* as altas camas de torneado, um catre com cabeceira dourada; *talvez as coisas mais ajudando, as coisas, que mais perduram*: o comprido espeto de ferro, na mão da preta, o batedor de chocolate, de jacarandá, na prateleira com alguidares, pichorras, canecos de estranho." (*PE*, p. 52.)

Uma pergunta "herética" se impõe de imediato: como poria Todorov em fórmula um texto assim? Não é sem razão que ele exclui, de antemão, a análise do nível verbal de um texto, preferindo limitar-se a descrever a intriga[15]. Mas aqui, em *Primeiras Estórias*, não há como escapar: existem contos nos quais a intriga é inseparável do nível verbal. Nesse caso, o método da gramática narrativa precisaria ser capaz de adaptar-se ao novo tipo de textos. O enredo é a procura de uma lembrança, e o estilo é a procura de uma forma verbal para expressar essa lembrança — portanto, é o estilo que, de certa forma, constitui o enredo. Este pode ser, como em "Nenhum, Nenhuma", busca ansiosa de uma lembrança, mas pode ser também uma ação estranha (*f*). Nesse caso, o processo de "estranhamento" (*priem "ostranenija"*), conceituado por Chklóvski[16], não fica limitado ao plano estilístico, onde Guimarães Rosa o emprega constantemente, mas configura o comportamento dos protagonistas de *Primeiras Estórias*. A codificação dos dois tipos de intriga (*imag* e *f*) ficou imperfeita, necessariamente, como todas as siglas aplicadas a textos desse tipo. A tabela revela-se útil para detectarmos a tipologia dos contos que compõem *Primeiras*

---

(15) "Trataremos neste estudo do aspecto sintático; um pouco do aspecto semântico; mas de maneira nenhuma do aspecto verbal." *Grammaire du Décaméron.* p. 18.

(16) "Iskusstvo kak priem" (Arte como processo), em *Texte der russischen Formalisten* I (edição bilíngüe russo-alemã). Ed. J. Striedter, Munique, 1969. p. 14.

Estórias, mas se quisermos entendê-los, precisamos voltar das fórmulas para o texto.

Às duas funções narrativas — *imag* e *f* — é inerente um elemento enigmático, já utilizado em *Corpo de Baile* (cf. "Cara-de-Bronze"), mas que aqui ocorre mais amplamente. O ato estranho, anormal ou tresloucado (*f*), cometido pelos protagonistas de *Primeiras Estórias,* geralmente não é explicado nem motivado — simplesmente acontece, e o leitor que se encarregue de descobrir-lhe a significação. O fato de Guimarães Rosa não dar solução, mas deixar o sentido em aberto, evidentemente é programado; trata-se de um código estético que espera ser decifrado.

Existe um método relativamente seguro para se aproximar da significação das ações *f*: partir de duas perguntas, 1) qual é a função emotiva do narrador, isto é, qual é sua atitude em relação à ação *f* que ele narra? 2) como os outros personagens, o meio social em que vive o protagonista, reagem à ação *f*? Pelo grau de coincidência ou divergência entre as duas posições — atitude do narrador e resposta do meio — podemos inferir as intenções do Autor, isto é, chegar a decifrar o código estético constituído pelo processo de estranhamento.

Antes, uma observação a respeito da constelação dos personagens em *Primeiras Estórias*. A diferença com *Corpo de Baile* é notável; lá o protagonista era, de certa maneira, o porta-voz do seu meio social: Miguilim, por exemplo, é representativo de milhares ou milhões de crianças do sertão; Lélio, representativo de milhares ou dezenas de milhares de vaqueiros — eles se identificam com o meio. Em *Primeiras Estórias,* ao contrário, o protagonista (X), cometendo uma ação estranha, não normal (*f*), coloca-se em flagrante oposição ao meio, aos "normais", à sociedade (Y_s).

A simpatia do narrador-autor pende indubitavelmente para o lado desses marginais ou marginalizados, que representam valores. Em relação ao meio ambiente dos seus heróis, o narrador é bastante crítico; a caracterização do coletivo é negativa:

"Em fúria, arruaça e frenesis, ali a população [...] numa alucinação de manicomiáveis" (*PE,* pp. 147-148);
"a multidão: infernal, ululava" (p. 148);

"multidão espaventosa — enlouquecida [...] Feroz, ferozes"[17]. (*Ibidem*.)

Via de regra, a ação estranha, anormal ou aloucada do protagonista (Xf) é a função narrativa inicial. A expectativa da resposta do meio social, dos normais, constitui o "suspense"[18] das estórias. Genericamente, podemos distinguir dois tipos de reação: a resistência ou supressão da ação estranha ou anormal [Y_s-opt(Xf)] ou, por outro lado, a simpatia, a aprovação, a participação [$Y_s$opt(Xf)].

Nos casos de distúrbio mental ou de loucura, a sociedade tem o costume de internar o "paciente", assim em "Sorôco, sua Mãe, sua Filha": Sorôco que não mais suportava cuidar das duas débeis mentais, as conduz para o vagão especial do trem que as levará ao hospício; toda a população participa dessa internação:

"...os outros se diziam: que Sorôco tinha tido muita paciência. [...] não ia sentir falta dessas transtornadas pobrezinhas, era até um alívio. Isso não tinha cura, elas não iam voltar, nunca mais [...] com os anos, elas pioraram, ele não dava mais conta, teve de chamar ajuda, que foi preciso. Tiveram que olhar em socorro dele, determinar de dar as providências, de mercê. Quem pagava tudo era o Governo, que tinha mandado o carro. Por forma que, por força disso, agora iam remir com as duas, em hospícios." (*PE*, pp. 16-17.)

Também em "Tarantão, Meu Patrão", o protagonista, um velho, "já sem o escasso juízo na cabeça, e aprazado de moribundo" (*PE*, p. 158), é internado:

"encostado, em maluca velhice, para ali, pelos muitos parentes, que não queriam seus incômodos e desmandos na cidade." (*PE*, p. 159.)

Em "A Benfazeja", como já foi visto, todos os "bons" moradores desejam que Mula-Marmela abandone a cidade. Em todos esses casos, ocorre a expulsão do débil mental, fora da família, fora da cidade e, se possível, a internação num hospício. Em suma, a socie-

---

(17) O povo, "massificado", aparece também depreciativamente evocado em "A Hora e Vez de Augusto Matraga" em *Sagarana*:
"aquele povo encapetado" (*Sag.*, p. 319);
"aí o povaréu aclamou, com disciplina e cadência" (*Sag.*, p. 321);
"no quadrante noroeste da massa" (*ibidem*).
(18) Concebido segundo Roland Barthes como "ameaça de uma seqüência inacabada, de um paradigma aberto [...] perturbação lógica vivida com angústia e prazer". Introduction à l'analyse structurale des récits, *Communications* 8, (1966), p. 24.

dade procura isolar, separar de si o caso patológico, definindo-o — porque ela mesma se considera sadia e quer assim preservar-se. Comportamento que confirma a observação de Dostoiévski: "É só internando o vizinho num hospício que a gente se convence da própria razão"[19].

Em "A Terceira Margem do Rio", a reação dos "normais" é diferente: a mãe e os parentes procuram (em vão) reintegrar o pai, que se despediu da mulher e dos filhos para, numa canoa, transportar-se até o meio do rio e aí permanecer a vida inteira. Antes ele era conhecido como "cumpridor, ordeiro, positivo" (*PE*, p. 32) — satisfazendo plenamente a norma. Em "Nenhum, Nenhuma", o moço a quem a moça recusara a proposta de casamento (com argumentos bem estranhos), declara ser "um simples homem, são em juízo, para não tentar a Deus, mas para seguir o viver comum, por seus meios, pelos planos caminhos!" (*PE*, p. 56) — não só apelando para que ela aceite esse código da normalidade, mas abandonando-a em nome desses mesmos princípios. Nesses dois casos a sociedade procura, pois, precaver-se — por persuasão [Y_s -opt (Xf)] — contra os que questionam ou renegam seu sistema de valores.

Quando não há meio para a sociedade (ou um seu representante) expulsar o não-normal, interná-lo num hospício ou fazê-lo voltar às normas, ela faz sentir sua desconfiança: tende a identificar a ação anormal como um ato criminoso, um ato de agressão [$Y_s(Xf=Xa)$]. Isso acontece em "Famigerado": o médico não acredita na ingenuidade do jagunço que vem procurá-lo só para lhe perguntar o significado de uma palavra; logo desconfia que o outro esteja tramando alguma má ação: "alguém podia ter feito intriga, invencionice de atribuir-me a palavra àquele homem" (*PE*, p. 11). Algo semelhante ocorre em "O Cavalo que Bebia Cerveja": Reivalino acha Seo Giovânio antipático, desconfia dele, colabora na suspeita de algum crime; finalmente auxilia as autoridades na vistoria da casa do patrão.

Ora, a ação anormal ou tresloucada (*f*) dos protagonistas de *Primeiras Estórias* nunca corresponde a

---

(19) Cit. seg. Michel Foucault, *Folie et Déraison. Histoire de la folie à l'âge classique*, Paris, 1964 (*Le monde* em 10/18), p. 7.

um ato de agressão ou ação criminosa. Pelo contrário, muitas vezes, consiste numa ajuda desinteressada: o fazendeiro Tio Man' Antônio distribui suas terras para os trabalhadores — reforma agrária ao pé de letra ("Nada e a Nossa Condição"); a menina Nhinhinha cura a mãe, faz chover no período da seca ("A Menina de Lá"); Mula-Marmela é apresentada pelo narrador como "A Benfazeja", pois evita um massacre entre os moradores do lugar...

Nota-se, portanto, uma contradição entre a ação positiva do protagonista (positiva, enquanto assim caracterizada e endossada pelo narrador) e a reação negativa do meio, sua atitude de rejeição. A existência dessa contradição, no texto, constitui evidência do mecanismo mental dessa sociedade.

O segundo tipo de reação é a resposta afirmativa: os normais aceitam o comportamento anormal, mas apenas enquanto não têm outra escolha ou quando dele podem tirar algum proveito [$Y_s opt(Xf=cY_s)$]. O médico questionado pelo jagunço não tem alternativa senão responder à pergunta ("Famigerado"); os pais de Nhinhinha começam a "valorizá"-la, "cochichavam, contentes", quando descobrem que ela é capaz de fazer proveitosos milagres ("A Menina de Lá"); Duarte Dias ("maligno e injusto"), que se antipatizou com o rapaz estranho ("Um Moço Muito Branco"), de repente muda de comportamento e "suplicava deixassem-no levar o moço, para sua casa" (*PE,* p. 103). Este atende à insistência e, sem demora, leva Duarte Dias a encontrar um tesouro escondido, um panelão de dinheiro. E logo, junto com sua transformação em homem riquíssimo, opera-se a mudança moral de Duarte Dias que passa a ser um "homem sucinto, virtuoso e bondoso" (p. 104) — um exemplo a mais de manipulação irônica por parte do Autor:

Em outros contos, os "normais" não só se aproveitam da ação estranha do protagonista, mas ainda se revelam ingratos [$Y_s opt(f=c) \leftarrow -opt(X)$]. Assim, em "Nada e a Nossa Condição", os trabalhadores aceitam a doação das terras, mas depois querem que o doador se afaste. Ou em "Darandina": o povo aclama o louco que os diverte, ridicularizando as autoridades e criticando a vida que levam: "Viver é impossível!" Mas o aplaudem somente enquanto está em cima da palmeira, inatingível; no momento em que recupera a lucidez e começa a descer, querem linchá-lo...

Traço comum de ambos os tipos de resposta, positiva ou negativa, é a contradição em que caem os "normais". Os que aprovam, fazem-no ou por motivos egoístas ou porque vêem sentido na ação do anormal. Os que são contra, revelam-se profundamente irracionais, pois estranhamente se põem a agir segundo o código dos anormais: em "Sorôco", depois da internação das duas loucas, o internador e seus ajudantes de repente começam a cantar a canção das duas débeis mentais; em "A Terceira Margem do Rio", o filho que tem diante dos olhos o "mau" exemplo do pai que abandonou a família, não alimenta maior desejo senão o de segui-lo um dia, viver — igual ao pai — na "terceira" margem do rio; em "Tarantão", o guarda do louco não só não o impede de sair numa louca disparada, como também acaba participando, integrando-se com gosto no bando dos marginais, dos irracionais...

Verificamos, pois, que os estados fronteiriços entre a normalidade e a loucura não são tão fixos, tão delimitados como os "normais" os querem. No seio desse modelo de sociedade há indivíduos que só aparentemente vivem conforme a norma, pouco faltando, às vezes, para serem absorvidos pelo irracional e seguirem com simpatia os infratores da norma.

Acompanhamos a tentativa de Guimarães Rosa de desenvolver — em termos de fábula — seu programa de renovação perceptiva. Inicialmente, a realização coincidiu com enredos imaginados por crianças, grupos de adolescentes e adultos, o povo simples do sertão. Destarte a criação narrativa do Autor desenvolve fabulações do imaginário coletivo com que ele próprio tanto conviveu.

Em seguida, essa renovação perceptiva tende a transformar-se em modelo da sociedade sertaneja, em termos de representação do imaginário coletivo. Este deixa de ser simples idéia, para tornar-se ato (*imag* implica *f*): nascem as ações dos anormais, dos inadaptados. Elas não são desprovidas de sentido, mas podem ter a função de crítica social — o que seria uma segunda possibilidade de leitura referencial das *Primeiras Estórias*. Essa crítica reveste-se de uma forma bem particular: o comportamento estranho dos protagonistas, ligado à *mimese* de um linguajar inarticulado, analfabeto. O "processo de estranhamento" se manifesta, simultaneamente, no plano estilístico e no plano da fábula. Parafraseando o que Michel Foucault [20] observa a respeito de Freud, poderíamos dizer que Guimarães Rosa retoma a loucura no nível da linguagem, restituindo, na literatura, a possibilidade de um diálogo com a irracionalidade.

(20) *Histoire de la folie*. pp. 199-200.

6

ANEDOTAS DE ABSTRAÇÃO

(TUTAMÉIA)

Finalmente, defrontamo-nos com *Tutaméia,* publicado em 1967[1], poucos meses antes da morte do escritor. O livro se compõe de quatro prefácios e de 40 estórias, curtíssimas, com umas três ou quatro páginas em média. Luís Harss, tendo entrevistado Guimarães

---

(1) As citações com a abreviação TUT. referem-se à 1.ª edição.

Rosa ao tempo em que estava elaborando a obra, informa:

> "Atualmente, está ele trabalhando numa série de bosquejos (*sketches*), escrevendo dois por mês — para serem publicados num jornal de médicos com ampla circulação no interior, mesmo em áreas não atingidas por outros periódicos ou jornais. Esse arranjo vai-lhe muito bem, é bom para o seu bolso e para a sua reputação, diz. Também impõe uma excelente disciplina: as estórias devem ser curtas, no máximo de duas páginas, de maneira que cada palavra conta"[2].

De fato, durante mais de dois anos, Guimarães Rosa publicou regularmente suas narrativas em *Pulso* (jornal de médicos, editado no Rio de Janeiro), sendo a maior parte desses contos escritos de maio de 1965 até fevereiro de 1967[3]. Reunidos, constituíram *Tutaméia*, com o subtítulo de *Terceiras Estórias*.

Dado o problema do avultado número de estórias — 40, o dobro do volume anterior (até então o que mais narrativas apresentava) — o método da gramática narrativa impõe-se aqui com particular eficácia operativa.

Uma dificuldade específica que apresenta *Tutaméia* se refere à impossibilidade de *resumo*, uma vez que, segundo vários críticos, dificilmente aí se encontram enredos. Para Assis Brasil, as *Terceiras Estórias* são:

> "apenas 'seqüências', 'situações', 'episódios', atos 'circunstanciais' — a trama eliminada, a história, fica apenas a vida a expor-se, a entremostrar-se, neste painel de tutaméias"[4].

No mesmo sentido vem a observação de Henriqueta Lisboa:

> "Acode, ainda, a fase de *Tutaméia*, em que o enredo é mínimo para a máxima densidade subjetiva."
> ....
> "O acontecimento é pretexto para trazer à baila a transcendência do existir"[5].

Verificamos que, de fato, há alguns textos em que quase não existe intriga, que são simples esboços lite-

---

(2) "Guimarães Rosa or the Third Bank of the River". In: Harss e Dohmann, *Into the Mainstream. Conversations with Latin-American Writers*, p. 172.
(3) Ver Plínio Doyle. "Bibliografia de e sobre Guimarães Rosa", em *Em memória de João Guimarães Rosa*, pp. 212-213.
(4) *Guimarães Rosa*. p. 71.
(5) "Guimarães Rosa e o conto". Suplemento Literário de *O Estado de São Paulo*, 30-11-1968.

rários, notas, fragmentos (por exemplo "Zingaresca", a última estória). São bem poucos, contudo, e na grande maioria das *Terceiras Estórias* reconhecemos, sim, uma intriga. Portanto, podem ser resumidos e codificados para o estabelecimento duma tipologia.

Por onde começar a leitura? A pergunta também é feita por Paulo Rónai que, enfileirando-se entre os que abordam Guimarães Rosa como "enigma", suspeita que a ordem alfabética em que as estórias foram dispostas seja apenas "um despistamento" e sua sucessão obedeça a "intenções ocultas"[6]. Não obstante, para evitar julgamentos apriorísticos convém começar pela primeira estória, "Antiperipléia".

O personagem-narrador é acusado de ter causado a morte de seô Tomé, o cego que ele guiava. Esta é a função narrativa inicial, que pode ser assim codificada:

$$Y_s d(X^{pret} a^1 W) \ldots$$

Isto é, o povo (Y_s) — e em particular a amante do cego e o seu marido — acusam o guia de cego (X) de ter assassinado ($^{pret}a^1$) seô Tomé (W). As demais funções narrativas são constituídas por tentativas do personagem-narrador (bêbado na hora em que ocorreu a morte) de refutar a acusação, explicando quais podiam ter sido as causas dessa morte. São conjeturas sobre o que poderia ter acontecido, e esses fragmentos de enredo constituem o texto de "Antiperipléia". Tal tipo de construção, aliás, já tinha precedentes na poética de Guimarães Rosa: ocorre em *Corpo de Baile* (cf. "Cara-de-Bronze") e em *Primeiras Estórias* (cf. "O Espelho"). Não há impedimento para que "Antiperipléia" seja esquematizado da seguinte maneira:

$$\ldots Xd \underset{imag}{^{pret}}[-W? \ Y_1 a^1 W? \ Y_2 a^1 W \ Wa^1 W?] \ldots$$

Isto é: O guia de cego (X), defendendo-se da acusação de crime, imagina (d/imag) que o cego (W) podia ter morrido por acidente (—W?), ou assassinado pelo

---

(6) "As estórias de *Tutaméia*". Suplemento Literário de *O Estado de São Paulo*, 23-3-1968.

marido da amante (Y_1a^1W?) ou pela própria amante, (Y_2a^1W?) ou ainda por suicídio (Wa^1W?).

A leitura das demais estórias de *Tutaméia* revela a continuidade de temas em relação aos livros anteriores: agressões e delitos, relacionamento problemático entre homem e mulher, problemas de sobrevivência, atos estranhos e recurso à imaginação. São fatos idênticos, mas o contexto narrativo é novo. Há uma óbvia diferença estrutural em relação aos três volumes anteriores. O protagonista não é mais quem fica com a iniciativa da ação e desencadeia a intriga — antes agente, fica agora reduzido a *reagir,* a encontrar uma resposta para uma situação inicial criada por outros. Exemplo disso é o guia de cego em "Antiperipléia".

A estrutura geral de *Tutaméia* é constituída por uma função inicial que vamos codificar por *gX,* que significa "o protagonista é acossado por uma dificuldade, uma ameaça, uma desgraça". Em muitos casos, *g* é sinônimo de ato de agressão, codificado até agora por *a.* Tornou-se necessário, porém, introduzir um novo signo de codificação porque a perspectiva da vítima passa a ser prioritária. Sendo diversos os tipos de dificuldades ou desgraças, especificamos as seguintes variantes semânticas:

g^1: "assassinato, acusação ou tentativa de assassinato"

g^2: "opressão ou situação problemática da mulher"

g^3: "amor não correspondido ou adultério"

g^4: "pobreza, fome, abandono".

A essas categorias acrescentam-se vários outros exemplos de aperturas ou desgraça, que codificaremos sumariamente com *g.*

Sucedendo-se maciçamente esses diversos casos de infortúnios, quando reduzidos ao seu extrato assemelham-se a manchetes de jornais populares: "Família de Hetério morre inteira numa enchente", "Apura-se entre os vaqueiros o assassinato de Quio", "Caçador de onça ferido desejava ter sido castrado" etc. Mais exatamente, já que a estória se passa num meio analfabeto, trata-se de uma espécie de noticiário oral do sertão, "casos" memoráveis que passam de boca em boca[7].

Ao nível da fábula, os casos contêm informações específicas sobre o ambiente social regional: situação de acentuada inferioridade da mulher, sintomas de subdesenvolvimento, quase ausência de instituições de assistência social e de justiça — os protagonistas das estórias, acossados por dificuldades, infortúnios, calamidades, podem contar apenas consigo mesmo; é uma luta pela sobrevivência.

Uma observação a respeito da situação narrativa. O guia de cego em "Antiperipléia", desamparado, pergunta a seu interlocutor:

"— E o senhor quer me levar, distante, às cidades?" *(TUT.,* p. 13.)

Com esta pergunta começa o conto, que com ela também termina:

"— E o senhor ainda quer me levar, às suas cidades, amistoso?" *(TUT.,* p. 16.)

Deste modo, repete-se, no conto inicial de *Tutaméia,* uma situação narrativa particularmente cara a Guimarães Rosa: a situação de Riobaldo, frente a um doutor da cidade, em *Grande Sertão: Veredas,* ou a do zagaieiro, frente a um viajante de fora, em "Meu Tio, o Iauaretê". Nos três casos, a mesma estrutura: o matuto conversando com o citadino, apelando para a sua compreensão. Aqui, em "Antiperipléia", conto inicial (e de iniciação?) das *Terceiras Estórias,* o guia de cego oferece seus serviços:

"...o que até hoje tive, de que meio entendo e gosto, é ser guia de cego: esforço destino que me praz."
......

---

(7) Sabe-se que Guimarães Rosa, médico durante anos no interior de Minas, andou tomando nota de tudo o que ouviu no sertão, pesquisando assim as matrizes narrativas "na boca do povo" — pesquisas que se tornaram ponto de partida e substrato de uma estilização altamente elaborada.

"Vou, para guia de cegos, servo de dono cego, vagavaz, habitual no diferente, com o senhor, Seô Desconhecido."
(*TUT.*, pp. 13 e 16.)

Isso significa que o senhor "da cidade" assume o papel de quem precisa ser guiado. A situação narrativa deve ser entendida como parábola. Aquilo que o senhor "da cidade" não enxerga, talvez seja a própria existência de gente como seu interlocutor que ganha a vida como guia de cego e que, apesar de ser apenas um caso, é representativo para toda uma população de marginalizados que vivem em condições precárias como ele. Tal situação narrativa funciona, pois, como uma indicação da perspectiva em que devem ser lidas as demais *Terceiras Estórias*.

A função narrativa inicial, gX ("o protagonista é acossado por uma dificuldade, uma ameaça, uma desgraça"), aplica-se a pelo menos 33 dos 40 contos de *Tutaméia*. O "suspense" dessas narrativas depende da pergunta: "qual é a resposta do protagonista?" É preciso analisar os diversos tipos de reação para tentar definir a especificidade de estrutura das *Terceiras Estórias*. *Grosso modo,* distinguem-se quatro tipos de resposta. Claro é que essa tipologia deverá ser entendida como uma primeira abordagem. É sempre problemático enquadrar um conto dentro de um esquema. Mas, aceitando o valor heurístico de tal tipologia, ela pode ajudar a discernir as constantes de composição que se deduzem dos contos particulares.

Como primeiro núcleo narrativo de *Tutaméia* poderia ser considerado o seguinte esquema:

$$gX \rightarrow Xh + \underset{\cdots}{Zc}$$

"O protagonista é acossado por uma dificuldade, ameaça ou desgraça. Sua reação: resigna-se. Às vezes, recebe ajuda."

Esse núcleo narrativo foi abstraído de um conjunto de nove estórias (ver a codificação de suas fábulas na Tabela 4.1, p. 117):

TABELA 4.1.:

Esquemas das fábulas de TUTAMÉIA

1.º núcleo narrativo: $gX \rightarrow Xh + Zc$

"O protagonista é acossado por uma dificuldade, ameaça ou desgraça. Sua reação: resigna-se. Às vezes, recebe ajuda."

"Droenha": $g^1X/ Xp^{b1}Y, -_{opt}(Y_s a^1X) \leftarrow Xi' \leftarrow g^4X \rightarrow Xh + Z_cX$.

"Barra da Vaca": $g_1^{,3}X/ W_s-optX, a^1X \rightarrow Xh + Y_2cX \leftarrow Y_s imag(Xa) \rightarrow Y_s -optX, bX/ g_2X$.

"Hiato": $gX_1, X_2/ Hr \rightarrow X_1, X_2 imag(HaX_1, X_2) \rightarrow X_1h$.

"Mechéu": $YFF\ opt\ XF \leftarrow X -_{opt}Y \leftarrow Y/gX \rightarrow Xh/ XF\ opt\ (Y)$.

"Orientação": $XRB^2Y + g^3X, Y/ Y -opt(B^2X) \rightarrow Xh/XB^3Y \rightarrow Yh/Y-D$.

"No Prosseguir": $g_1X + g_2X/XoptB, opt\ (d) \leftarrow X-B, -d \rightarrow Xh/ opt(g_3X)$.

"Sinhá Seca": $g^2X \rightarrow Xh_1/-d + Zc \leftarrow Xh_2/-d + -X$.

"Arroio-das-Antas": $g^2X \rightarrow Xh/X-d + ZcX/ ZBX$.

"Lá, nas campinas": $_P[g^4X \rightarrow Xij \leftarrow gX/ Xopt(imag, d\ (pret)) \leftarrow -imag, -d \rightarrow Xh/ -d, F$.

"Droenha": *Jenzirico (X) atirou contra Zevasco (Y) em legítima defesa; temendo vingança, foge para se esconder na Serra. Lá perde uma a uma as suas roupas e nu, desamparado (g^4X), vendo-se perdido, clama alto sua culpa (Xh). Amigos o salvam (Z_scX).*

"Barra da Vaca": *Jeromoavo (X), odiado (g^1) pela mulher e pelos filhos (W_s), foge (h). Doente, é acolhido pelo povo de Barra da Vaca (Y_scX). De repente, o boato: J. é brabo jagunço! O povo inventa um plano de expulsá-lo: embebedam-no e o levam até a outra beira do rio.*

"Hiato": *Põe-Põe, jovem vaqueiro, e Nhácio, vaqueiro velho (X_1,X_2), encontram de repente, surgindo do cerrado, um touro enorme (Hr), que os amedronta (g). Nhácio, obcecado pela lembrança ameaçadora do touro, resolve abandonar a campeação (X_1h).*

"Mechéu": *Mechéu é semi-imbecil (XF); mas abaixo dele há ainda um débil mental maior, Gango (YFF). Gango admira Mechéu mas é por ele tratado sem consideração. Porém, quando Gango morre, chifrado de vaca, Mechéu, aflito (gX), fica inconsolável (Xh).*

"Orientação": *O casamento entre Yao Tsing-Lao, chinês (R), vulgo Quim (X) e Rita-Rôla ou Lola-a-Lita (Y) resulta em desentendimentos (g^3). Quando ela reclama, Quim a abandona (Xh) e Rita, por sua vez, fica acabrunhada (Yh), restando-lhe como única lembrança o andar à chinesa.*

"No Prosseguir": *Um moço, zagaieiro (X), ferido por onça (g_1), sofre a dor e a solidão e fica frustrado (g_2) quando imagina o amor entre seu pai e a única mulher existente no local; chega a desejar que a onça o tivesse castrado (Xh).*

Considerando no plano estilístico a função narrativa Xh ("O protagonista se resigna"), nota-se que Guimarães Rosa a apresenta como uma renúncia desses personagens a se comunicarem com o mundo. Assim ocorre com a protagonista de "Sinhá Secada", a quem, por ter sido uma vez infiel ao marido, tomam o filho

(g^2X). Sofrendo com isso a vida inteira, ela se muda para outra cidade onde trabalha numa fábrica, indiferente a tudo (Xh):

> "Moraram numa daquelas miúdas casas pintadas, pegada uma a outra, que nem degraus da rua em ladeira, que a Sinhá descia e subia, às horas certas, devidamente, sendo a operária exemplar que houve, comparável às máquinas, polias e teares, ou com o enxuto tecido que ali se produz. *Não falava a não ser o preciso diário.*" (*TUT.*, p. 143; grifo nosso.)

A renúncia à comunicação é acentuada repetidamente:

> "Sinhá prosseguia, servia, *fechada a gestos,* ladeando o tempo, como o que semelhava causada morte.
> ....
> "Daí, quedava, estalável, serena, *no circuito do silêncio...*" (*TUT.*, pp. 143-144; grifo nosso.)

De modo semelhante, Drizilda, a protagonista de "Arroio-das-Antas" viúva aos quinze anos (g^2X), é expulsa para um lugar afastado em que só moram velhos, onde é condenada — ou em parte se autocondena — ao silêncio (Xh). A comunicação com os velhos, que "tramavam já com Deus, em bico de silêncio", se reduz a gestos e monossílabos:

> "Rodearam-na — solertes, duvidando, diversas — até ao coaxar da primeira rã. Nem achavam o acervo de perguntas, entre outroras. *Seus olhos punham palavras e frases.*"
> ....
> "Por maiormente, o lugar — soledade, o ar, longas aves em curto céu — em que, múrmuras, nos fichus, sábias velhinhas se aconselhavam. Aqui, não deviam de estender notícias, o muito vulgado. *Calava-se a ternura — infinito monossílabo.*" (*TUT.*, pp. 17 e 18, grifo nosso.)

Quando há comunicação, limita-se ao mínimo; assim em "No Prosseguir", a conversa entre os dois caçadores de onça, o moço e o velho:

> "Saudaram-se, baixo. O velho não se levantara. — 'Queria saber de mim?' — um arrepio vital, a seca pergunta. O outro curvou-se, não ousava indagar por saúde. *No que pensava, calava.* E rodeavam-se com os olhos, deviam ser acertadamente amigos. Moravam em ermos, distantes.

"Viúvo, o velho tornara a casar-se, com mulher prazível. O moço, sozinho, mudava-se sempre mais afastado. Vinha, raro, ao necessário. Dar uma conversa, *incansável escutador*."
....
"*Mudo modo*, como quando a onça pirraça. Os cães, próximos. — 'Aí... s'tro dia...' — ou — '...esse rastro é velho...' — inteiravam-se, passado conveniente tempo. *Viravam novo silêncio.*" (*TUT.*, pp. 97 e 98, grifo nosso.)

E há ainda um conto, em que o protagonista praticamente perde a fala: "Lá, nas Campinas". Drijimiro (X), quando menino, foi abandonado pelos pais e teve uma vida muito dura (g^4), mas com esforços consegue criar-se uma situação econômica suficiente. Todavia, fica com o trauma da infância perdida:

"Drijimiro tudo ignorava de sua infância; mas recordava-a demais." (*TUT.*, p. 84.)

A única coisa que consegue rememorar da sua infância é o que constitui sua única manifestação de fala: o começo de uma frase: "Lá, nas campinas..." — que a toda hora repete mecanicamente.

No primeiro núcleo narrativo de *Tutaméia* vimos, portanto, como o autor continua a *mimese* do processo mental do sertanejo simultaneamente nos planos do estilo e da fábula. Não se trata mais de ações esquisitas e provocativas, como em *Primeiras Estórias*, mas de um retraimento, renúncia à comunicação, quase mudez (-d).

Em outro bloco das *Terceiras Estórias* surge o "herói", personagem "positivo" — diametralmente oposto ao tipo de resignado das estórias anteriores. O segundo núcleo narrativo pode ser assim "formulizado:

$$gX \leftarrow Xi$$

"O protagonista é acossado por uma dificuldade, ameaça ou desgraça, mas reage. Em virtude de suas qualidades de herói (astúcia, tenacidade, força etc.) vence."

Esse núcleo narrativo (cf. Tabela 4.2., p. 121) permite agrupar dez estórias:

TABELA 4.2. (TUTAMÉIA)

2.º núcleo narrativo:

$$gX \leftarrow Xi$$

"O protagonista é acossado por uma dificuldade, ameaça ou desgraça, mas reage e por causa de suas qualidades de herói (astúcia, tenacidade, força etc.) vence."

"A Vela ao Diabo":

$$g^3X/ \text{ Xoptby, Y } -opt \leftarrow Xi/ \text{ opt(WcX), XBW} + \text{YoptBX} \rightarrow Xi/ \text{ XBY}.$$

"Azo de Almirante":

$$gX/ -Y_s \leftarrow Xi_n/ X c_n W_n \ldots + -XD.$$

"Como Ataca a Sucuri":

$$g^1X/ Y_s a^1X \leftarrow Xi_1 + g^1_2X/ Y_s a^1_2{}^1X \leftarrow Xi_2 + g^1_3X/ Y_s a^1_3{}^1X \leftarrow Xi_3.$$

"Esses Lopes":

$$g^2_1X/ Y_1 B^2 X \leftarrow X-opt \leftarrow Xi_1/b^1Y_1 + g^2_2X \leftarrow Xi_2 + g^2_3 \leftarrow Xi_3.$$

"Estoriinha":

$$p[g^2_1X/ YB^2X, X-opt \leftarrow Xi_1/ BW] \rightarrow g^2_2X/ Ya^1X \leftarrow Xi_2/ b^1Y.$$

"Intruge-se":

$$g^1W \rightarrow Xi'_{imag} \; [Y_1 P a^1 W? \; Y_2 P a^1 W? \ldots \; Y_{11} P a^1 W?] + Y_6 r \rightarrow Xi \rightarrow Y_6 a^1{}'X \leftarrow Xb^1Y_6. \; Y_6 P a^1 W.$$

"Sota e Barla":

$$gX/ \text{ Xopt}(i; \text{ BW}_1; \text{ B}^2W_2) \leftarrow Y -opt; \; Z_1 opt(aZ_2) \leftarrow Xi/ \rightarrow Y-i; \; -BW_1; \; -BW_2; \; Z_1 - aZ_2.$$

"Faraó e a Água do Rio":

$$X_{si_1} \rightarrow Y_s opt(X_s) + gX_s/ W_s opt(bX_s) \leftarrow X_{si_2}/ opt(Y_sc) \rightarrow Y_s cX_s.$$

"O Outro ou o Outro":

$$gX_1, X_s/ Yd(X_s{}^p aW_s) \leftarrow Xi_1/{-}^d_d(X_s{}^p aW_s).$$

"Melim-Meloso":

$$[Ximag(H') \rightarrow H'] g_1X \leftarrow Xi_1 + g_2X \leftarrow Xi_2 + \ldots + g_nX \leftarrow Xi_n.$$

"A Vela ao Diabo": *Teresinho (X), apaixonado por Zidica (Y), sua noiva, não recebe mais cartas dela (g^3). Busca conselho com Dlena e aproveita para se divertir com ela (Xi). Um dia, chega carta de Zidica e Teresinho abandona a nova amante para se casar com a noiva.*

"Azo de Almirante": *Hetério (X), perde a mulher e filhas (Y_s) numa enchente (g). Imediatamente, põe-se a ajudar as demais vítimas. Nunca resignado (Xi_n), passa a vida auxiliando aos outros com sua canoa. Ajudando a um amigo a raptar a noiva, é ferido e morre feliz.*

"Como Ataca a Sucuri": *Drepes (X), um viajante, é ameaçado por Pajão e filhos (Y_s) que o hospedam mas querem matá-lo e roubá-lo (g^1). Vários são os meios empregados: veneno, ameaça com foices, e principalmente a expectativa de que o viajante seja vítima de uma enorme sucuri escondida no brejo próximo à casa. Drepes a tudo escapa com sangue frio, e por fim mata a sucuri (Xi).*

"Esses Lopes": *Flausina (X), por ser pobre, tem que se casar, a contragosto, com o rico Zé Lopes (Y_1), para quem ela não passa de concubina (g^2). Consegue dele livrar-se, colocando pequenas doses de veneno na comida (Xi). Depois, ela pertence, por força, aos outros três Lopes, de quem se livra usando o mesmo método.*

"Estoriinha": *Elpídia (X), casada a controgosto (g^2) com Rijino (Y), fugiu com outro homem, mas seu marido quer recapturá-la à força; Elpídia o mata com uma punhalada (Xi).*

"Intruge-se": *Ladislau (X), o chefe, tem que encontrar entre seus vaqueiros ($Y_1, Y_2, \ldots Y_{11}$) o culpado pela morte de Quio (g^1W). Sabe-se, como único indício, que na hora do crime "nem o cão latiu". Ladislau já interrogou a todos, em vão. Passa Liocádio (Y_6) e agrada o cão; Ladislau o provoca (Xi) e, sendo agredido à faca* *por Liocádio, mata-o. Com efeito, fora este o assassino.*

"Sota e Barla": *Doriano (X), chefe de vaqueiros, está diante de uma escolha difícil (g): não quer que a boiada de Drujo (Y) chegue antes da sua, nem que Drujo fique com Aquina (W_1), meretriz, nem com Bici (W_2), "moça para ser noiva"; além disso, há briga entre Rulimão (Z_1) e Seistavado (Z_2), seus vaqueiros. É um universo de alternativas: duas boiadas, duas mulheres, dois vaqueiros em briga — Sota ou Barla. Mas eis a solução (Xi): decide tocar sua boiada para frente, envia Rulimão para defender Aquina e Seistavado para apalavrar em seu nome o casamento com Bici.*

"Faraó e a Água do Rio": *Um grupo de ciganos (X_s) acampa perto da fazenda de Senhozório; procedem honestamente e como são muito agradáveis, tornam-se amigos do fazendeiro e da sua família (Y_s). Um dia, perseguidos pelo pessoal das fazendas vizinhas (W_s) por causa de seus furtos, os ciganos, aflitos (gX_s), pedem auxílio ao fazendeiro (i_2); o fazendeiro os protege.*

"O Outro ou o Outro": *O cigano Prebixim (X_1) é pressionado (g) pelo delegado (Y), Tio Dô, a devolver coisas roubadas pelo bando de ciganos (X_s). Em nenhum momento Prebixim perde a dignidade ($X_1 i$); restitui os objetos roubados "como se fosse um presente", "oferecia-os, novo e honestamente feito alface fresca..."* (TUT., p. 107.)

Nesse grupo de estórias, portanto, o protagonista, dono da situação, vence a dificuldade graças à sua decisão de agir, à sua autoconfiança, inteligência, energia, astúcia, força, tenacidade etc. No meio social retratado por esses contos — meio em que beneficência e justiça são pouco institucionalizadas —˙ essas qualidades garantem a sobrevivência. No fundo, os comportamentos desses personagens são do tipo dos que distinguiam um Lalino ou um Matraga: a astúcia e a força. Tratar-se-ia ainda de heroificação? Um exame do plano estilístico mostraria que não é o caso: os protagonistas são caricaturados e ironizados.

Assim, em "Melim-Meloso", o personagem que tem esse nome, figura simpática de cantigas populares, acaba fazendo tudo reverter em seu proveito, inclusive as contrariedades:

> "Melim-Meloso
> amontado no corcel:
> porque é Melim-Meloso,
> bebe fel e sente o mel.
> ....
> "Melim-Meloso
> amontado no castanho:
> — O que ganho, nunca perco,
> o que perco sempre é ganho"... (*TUT.*, p. 94.)

Nenhum outro personagem encarna tão perfeitamente o núcleo narrativo gX ← Xi ("O protagonista é acossado por uma dificuldade, mas reage com inteligência e força e vence"). Mas também em nenhum momento fica tão evidente que essa figura é uma reprodução paródica de um herói de cantigas populares, que caracteriza as aspirações e os desejos do povo.

Há, portanto, em *Tutaméia* dois grupos de estórias, dois tipos de protagonistas em franco contraste: os que se resignam e os que vencem. Essas estórias representam, por assim dizer, situações extremas. Mas há um terceiro grupo de estórias que representam uma situação de meio termo. Seu núcleo narrativo pode ser assim esquematizado:

$$gX \to X\underset{imag}{opt} (H' = H) \ldots$$

"O protagonista é acossado por uma dificuldade, ameaça ou desgraça. Recorre à imaginação, desejando que sua fantasia se corporifique, que o imaginário se imponha ao real."

O terceiro núcleo agrupa onze estórias (ver a Tabela 4.3., p. 126). O exemplo mais ilustrativo talvez seja o conto "Os três Homens e o Boi dos três Homens que inventaram um Boi"[8]. Três vaqueiros, Jelázio (X_1), Jerevo (X_2) e Nhoé (X_3) inventam um boi [imag(H')]:

> "Então que, um quebrou o ovo do silêncio: — 'Boi...'
> — certo por ordem da hora oitava de sua infância, do mundo das invenções; mas o mote se incorporou, raro pela subiteza.
> "— 'Sumido...' — outro disse, de rês semi-existida diferente. — 'O maior' — segundo o primeiro. — 'erado de sete anos' ... — O segundo recomeçou; ainda falavam separadamente. Porém: — 'Como que?' — de trás do ramame de sacutiaba. Nhoé precisou de saber.
> "— 'Um pardo' — definiu Jelázio. — '...porcelano' — o Jerevo ripostou. Variava cores. Entretanto, por arte de logo, concordaram em verdade.
> [...]
> "Assim o boi se compôs, ant'olhava-os." (*TUT.*, p. 111.)

Eles querem que os outros vaqueiros acreditem nesse boi, procuram contar vantagem: só eles o teriam desafiado. Mas ninguém acredita. Morre a mulher de Jerevo; na volta do enterro, eles rememoram o boi; morre Jelázio, falando no boi; Jerevo se muda para longe... Depois de muitos anos, numa fazenda afastada, Nhoé entra numa roda de vaqueiros e ouve falar de um boi

> "Listrado riscado, babante, façanhiceiro! — que em várzeas e glória se alçara, mal tantas malasartimanhas — havia tempo fora. [...]
> "Só três propostos vaqueiros o tinham em fim sumetido..." (*TUT.*, p. 114.)

O boi, ser imaginário, sobrevive portanto aos vaqueiros. Parábola para toda criação narrativa?

Vejamos as demais estórias do terceiro núcleo narrativo.

---

[8] Como se pode observar, a classificação em núcleos narrativos diferentes é apenas de ordem metodológica, pois há entre eles várias "correspondências". Por exemplo, estes versos de "Melim-Meloso (conto do 2.º núcleo) poderiam servir de epígrafe para o conto que estamos examinando agora (3.º núcleo):
"Encontrei Melim-Meloso
fazendo idéia dos bois:
o que ele imagina em antes
vira a certeza depois." (*Tut.*, p. 92).

TABELA 4.3. (TUTAMÉIA)

3.º núcleo narrativo: $gX \to Xopt\ (H' = H)\ldots$
$_{\text{imag}}$

"O protagonista é acossado por uma dificuldade, ameaça ou desgraça. Recorre à imaginação, desejando que sua fantasia se corporifique, que o imaginário se imponha ao real."

"Os três Homens e o Boi":
$X_1, X_2, X_3\text{imag}(H') + \text{opt}(Y_s(H' = H)) \leftarrow Y_s(H' \neq H) + -X_1/d_{\text{imag}}(H')\ldots + Y_s d(H' = H)$.

"Estória n.º 3": $g^1X_1, X_2 / Yd_{\text{opt}}(a^1X_1, a^2X_2) \to X_1 h \leftarrow X_1 \text{opt}\ (H' = H) / \text{imag}(X_1 = Y) \to X_1 b^1 Y$.

"Se eu Seria Personagem":
$gX / X(X = H?) \to X\text{opt}\ (H' = H/ H = Y),\ [Yd_{\text{opt}}\ (BW),\ X\text{opt}(BW) \leftarrow X-d] + Y, Wc/\ \text{opt}(XBW)$.
$_{\text{imag}}$

"Ripuária": $X\text{opt}\ (B' = H) + Xi' + YB^1X \leftarrow X-\text{opt}B^1Y,\ \text{opt}_{\text{imag}}(B' = H) + Yd(B' = H, B' = Y)$.

"Reminisção": $gX / Y_s - \text{opt}B^2X \leftarrow Z\text{opt}\ (H' = H)/ \text{imag}(B' = X) + B^2X + Xa^3Z + ZcX + gX \to ZcX$.

"Tapiiraiauara": $gX / Y_1\text{opt}(a),\ X - \text{opt} \to X\text{opt}\ (H' = H) / \text{imag}(W_s a Y_2) \to Y_1\text{imag}(W_s a Y_2) \to Y_1 - a$.
$_{d}$

"Tresaventura": $X\text{opt}\ (H' = H) \to Y_s - \text{opt} \leftarrow Xi \to X: H_1 a H_2 \to X\text{imag}(H'_1 - a H'_2) \to Xi \to H_1 - a H_2$.
$_{\text{imag}}$

"Desenredo": $g^3X / Ya^3X \to XbY \to X\text{opt}\ (H' = H) / \text{opt}(Y^p - a^3) \to X, W_s, Y(Y^p - a^3)$.
$_{\text{imag}} _{d}$

"Grande Gedeão": $g^4X / XC \leftarrow X\text{opt}\ (H' = H) + Xi \to Y_s(X - C) + cX \to X - C$.
$_{\text{imag}}$

"Rebimba, o Bom":
$gX / XC \to YdX(Zc) \to X\text{opt}\ (H' = H) / \text{opt}(Zc) + cX \ldots + X\text{opt}(Z = H?) + X: -Z$.
$_{\text{imag}}$

"Presepe": $gX \to X\text{opt}\ (H' = H) + Xi \to XD$.
$_{\text{imag}}$

"Estória N.º 3": *Joãoquerque e Mira, um casal de namorados, são ameaçados pelo valentão Ipanemão. Joãoquerque, covarde, foge. Mas depois cai em si e imagina que ele mesmo é Ipanemão. Volta e mata-o.*

"Se eu Seria Personagem". *O personagem-narrador duvida da própria existência; deseja chegar a existir (cf. o protagonista do conto "O Espelho", em Primeiras Estórias), chegar a ser personagem como o seu amigo, Titolívio Sérvulo. Este anda apaixonado por Orlanda e pretende casar-se com ela. O personagem-narrador ou pseudopersonagem está acabrunhado, porque ele mesmo gosta de Orlanda, mas não se manifesta. Finalmente, por milagre, acontece o que desejava: Titolívio desiste do casamento e Orlanda volta para ele, a sorrir.*

"Ripuária". *O jovem Lioliandro vive à beira de um rio e fica sonhando com a moça que um dia ele haveria de encontrar do outro lado. Acontece que, do lado de cá, Álvara se apaixona por ele, que, entretanto, não lhe dá atenção, com o pensamento voltado para a moça imaginada. Quando tenta atravessar o rio, Álvara chama-o de volta, revelando que ela é da outra banda do rio.*

"Reminiscão". *Para o espanto de todos, Romão se apaixona por Drá ou Pintaxa, uma mulher feia "de partir espelho", e casa-se com ela. Apesar de Pintaxa ralhar com ele, espantar seus amigos, traí-lo com outro, Romão nunca deixa de lhe ser inteiramente devotado.*

"Tapiiraiauara". *O personagem-narrador acompanha Iô Isnar, caçador que está à espera de uma anta, que ele deseja abater apenas para se distrair. Como impedi-lo? A solução: "À mão de linguagem" (!). O narrador inventa uma história para Iô Isnar: seu filho, que está prestando serviço militar, vai ser mandado para uma guerra de durar anos, na Cochinchina... Iô Isnar fica tão impressionado que, nervoso, erra o tiro.*

"Tresaventura". *Maria Euzinha, cuja presença "não dominava 1/1000 do ambiente", insiste em ver o arrozal, mas os pais não a deixam por ser muito perigoso: "Tem o jararacuçu, a urutu-boi", explicam-lhe. Mesmo assim, ela sai. Observa uma cobra que está engolindo um sapo. Maria Euzinha que "ficava no intato mundo das idèiazinhas ainda", resolve salvar o sapo e atira uma pedra na cobra que larga a sua presa.*

Em todos esses casos, a imaginação do protagonista revela-se mais forte que a dificuldade, acaba transformando-se em realidade, significa uma realização, um amparo. Assim, Guimarães Rosa retoma um motivo que já nos é familiar a partir de algumas das *Primeiras Estórias*: o fantástico milagroso. Mas a identidade é aparente. As estórias de cunho milagroso-otimista (de que acabamos de ver alguns exemplos) são contrabalançadas por outro grupo de estórias, em que a imaginação, a fantasia não se sobrepõem à realidade, mas ao contrário, sucumbem diante das dificuldades reais. (Ver adiante 4.º núcleo narrativo.) As estórias de *Tutaméia* foram explicitamente qualificadas pelo Autor, num dos prefácios, como *anedotas de abstração*. Isto tem sido interpretado metafisicamente — seguindo-se com fidelidade, ao pé da letra, as recomendações dadas pelo próprio Autor nesses prefácios: a dúvida filosófica diante da realidade aparente. Mas as *Terceiras Estórias* não se reduzem a mera aplicação de receitas de filosofia de livro didático — a linguagem narrativa não se reduz e não é reduzível à linguagem filosofante. Deste modo, compreendemos *anedotas de abstração,* não no plano da filosofia, mas no plano da poética narrativa.

Assim, o conto intitulado "Desenredo" apresenta um desenrolar de acontecimentos extremamente inverossímil, um tipo de antienredo, uma *abstração anedótica* do que "na realidade" não acontece, ou seja, uma solução imaginada que teria pouquíssimas oportunidades de tornar-se realidade; "amatemático, contrário ao público pensamento e à lógica, desde que Aristóteles a fundou" (*TUT.*, p. 40). Jó Joaquim, marido, enganado por Livíria, primeiro a expulsa, depois resolve "descaluniá-la":

"Desejava ele, Jó Joaquim, a felicidade — idéia inata. Entregou-se a remir, redimir a mulher, à conta inteira. Incrível? É de notar que o ar vem do ar. [...] Ele queria apenas os arquétipos, platonizava. Ela era um aroma.
"Nunca tivera ela amantes! Não um. Não dois. Disse-se e dizia isso Jó Joaquim. [...] Cumpria-lhe descaluniá-la [...]" (*TUT.*, p. 39.)

Resultado: ele mesmo, o povo e a própria Livíria se convencem de que essas palavras inúmeras vezes repetidas são a verdade.

Há dois contos, nesse grupo, que retomam a temática "sintomas do subdesenvolvimento" (*C*):

"Grande Gedeão" é no início uma caracterização da situação do homem do campo, encarnado pelo protagonista, Gedeão Gouvéia:

> "Tinha: dois alqueires, o que era nem sítio, só uma 'situação'; e que sem matatempo ele a eito lavrava, os todos sóis, ano a ano, pelo sustento seu, da mulher, dos filhos. Excepto que em domingos e festas improcedia, esbarrava, submisso à rústica pasmaceira. Idiotava. Imitava. Ia à missa." (*TUT.*, p. 77.)

No sermão de um missionário, o lavrador ouve uma parábola:

> "Os passarinhos! — não colhem, nem empaiolam, nem plantam, pois é... Deus cuida deles. [...] — Vocês sendo não sendo mais valentes que os pássaros?!" (*TUT.*, p. 77.)

que ele passa a entender "ipsisverbal": na mesma hora, pára de trabalhar, ostensivamente, diante da sua família e dos outros moradores, para sempre. O povo cisma que ele encontrou um tesouro e oferece-lhe a administração de uma fazenda. Gedeão torna-se rico.

"Rebimba, o Bom" é a história de Joaquim José, que ficou órfão quando sua terra foi castigada por uma epidemia de bexiga preta. Enquanto está doente ninguém lhe dá trabalho, e o pai da moça por quem se apaixona quer afastá-lo, falando-lhe de um médico ou curandeiro, longe, um Rebimba. Joaquim José sara, por força de acreditar em Rebimba. Em todas as situações difíceis de sua vida, ele acredita em Rebimba, que sempre o ajuda. Quando já de idade e viúvo, desperta-lhe a curiosidade de verificar se Rebimba existe. Chega num arraial, longe, e dá de encontro com uma procissão: o enterro de Rebimba!

Pela leitura dessas estórias, torna-se claro que a "realidade superior" de que Guimarães Rosa fala num

129

dos prefácios de *Tutaméia* (p. 3) é uma realidade que só existe na imaginação dos personagens. A solução das dificuldades por mero ato de imaginação é uma espécie de caricatura; é aqui que se manifestam a *comicidade* e o *humorismo,* outros conceitos-chave dos prefácios. As soluções, como "o pobre lavrador só precisa parar de trabalhar, para sair da miséria e tornar-se rico" ou "o doente só precisa imaginar o médico para ficar curado" não são soluções reais, mas projeções de desejos do povo. A sua inclinação insistente e quase patológica para o imaginário, a fantasia, mostra que vivem num mundo em que não se orientam, em que são desajustados. Não podendo satisfazer suas necessidades materiais e afetivas, recorrem à imaginação. Evidencia-se (como na história dos três vaqueiros e do boi) uma necessidade de possuir o ausente. Em *Tutaméia,* a realidade do sertão não é representada pelo que lá existe, mas pelo que falta — essa falta, por sua vez, existindo na imaginação, nos desejos coletivos. Assim, essas *Terceiras Estórias* representam, em um específico código estético, do qual procuramos dar uma idéia, o modelo de um pensamento utópico, no sentido em que o definiu Mannheim.

O caráter paródico das narrativas torna-se mais evidente ainda, se as comparamos e completamos pelos contos, também caracterizados por um recurso do protagonista à imaginação, mas nos quais a realidade não se inclina conforme às fantasias dos personagens. Esse grupo de contos representa o quarto núcleo narrativo, reunindo as restantes oito estórias de *Tutaméia* (cf. Tabela 4.4., p. 131).

$$gX \to \underset{imag}{Xopt} (H' = H) \leftarrow H' < H$$

"O protagonista é acossado por uma dificuldade, ameaça ou desgraça. Recorre à imaginação, desejando que a solução imaginada se realize. Mas a realidade não se inclina diante da fantasia."

Esse quarto núcleo narrativo pode ser caracterizado pela posição cética do autor em relação ao imaginário coletivo, em três exemplos:

TABELA 4.4. (TUTAMEIA)

4.° núcleo narrativo: $gX \to X\underset{imag}{opt} (H' = H) \leftarrow H' < H$

"O protagonista é acossado por uma dificuldade, ameaça ou desgraça. Recorre à imaginação, desejando que a solução imaginada se realize. Mas a realidade não se inclina diante da fantasia."

"Retrato de Cavalo":
$X, Y\underset{imag}{opt} (H' = H)/ X opt(H' = B) + Y opt(H' > H) \leftarrow H' < H/ -BX, \quad -H \to X, Y - opt H'.$

"Palhaço da Boca Verde":
$g^4X? \; g^3X? \to Xd \quad (XB^1W), \; opt(Zc) \leftarrow Z - c + g_2X \to Z(XC?) + Zopt(c) = \frac{X}{Z}B.$

"João Porém, o Criador de Perus":
$Y_s opt(Xr) + imag(XB \to Xr) \to Y_s \underset{imag}{opt} (H' = H)/ \, dX(W'B^1X) \leftarrow Xi/ \, d(B^1W') \leftarrow r.$

"Quadrinho de Estória":
$gX/ \, bX \ldots \to X imag_1(BY') + imag^p[X optBY \leftarrow Y - opt \to Xa \to bX] + X imag_2(BY) \ldots$

"— Uai, eu?":
$gX/ \, bX \; ^p[X opt(H' = H)]/ \, imag(Y_s a^1W \to XbY_s \to XH) \to Xa^1Y_s \to bX] + X\underset{imag}{opt} (H' = H).$

"Umas Formas":
$XF \underset{imag}{opt} (H' = H)/ \, opt(bH') + Y_1, Y_2 F opt(cX) + Hr \to X, Y_1, Y_2 f/ \, Y_1, Y_2(H = H'?), \; -X.$

"Curtamão":
$g^3W \to W opt(Xc) \to gX/ \, Y_s opt(aX) \leftarrow X\underset{imag}{opt} (H' = H)/ \, Xi/ + Xf \to cW + cX/ \, Y_s optX.$

"Vida Ensinada":
$gX/ \, X optH' \leftarrow H, \quad ^p[-opt(a^1Y_1) \leftarrow a^1Y_1 \to bX] \quad optB^2Y_2 \leftarrow Y_2 - \underset{opt}{opt} B^2 X \ldots$

"Retrato de Cavalo". *Bio, dono de um cavalo, zanga-se com Iô Wi, por causa de um quadro com um cavalo e uma moça. Iô Wi não quer lhe ceder o retrato porque gosta da moça e imagina que ela aparecerá um dia para casar-se com ele; Bio passa o tempo todo pensando no cavalo do retrato, muito mais bonito que o seu. Um dia, Iô Wi desiste de acreditar na moça imaginada e, ao mesmo tempo, morre o cavalo de verdade de Bio. Ambos ficam envergonhados de terem esquecido a realidade por causa de um retrato.*

"Palhaço da Boca Verde". *Xênio Ruysconcellos, antes palhaço afamado, perdeu o emprego; vem procurar ajuda com uma prostituta, Mema, contando um caso de amor com outra moça, Ona Pomona. Ele pretende disfarçar sua miséria com uma estória inventada, que confunde Mema:*

"O que ele imaginava, de amor a Ona Pomona, seria no mero engano, influição, veneta. Sob outra forma: não amava. — Ele não quer ser ele mesmo... — Mema entredisse, em enfogo, frementes ventas — como se da vida alguma verdade só se pudesse apreender através de representada personagem." (*TUT.*, pp. 116-117.)

A dúvida de Mema no fim se esclarece:

" 'Ele precisa de dinheiro, de ajuda!' [...] — Que venha... — de repente chorou [...]" (*TUT.*, p. 117.)

Ambos são encontrados mortos, entrelaçados.

"João Porém, o Criador de Perus". *João tornou-se rico, criando perus, o que causa a inveja dos outros. Querem que ele abandone esse trabalho e, por isso, inventam uma moça, Lindalice, que — dizem — gosta dele. João ouve e se apaixona por ela — porém continua criando perus. No fim, vem o desmentido: fazem morrer a moça imaginada. João Porém lamenta-se: "Tanto acreditara?" Por fim morre e sua morte é assim comentada pelo narrador:*

"Tinham de o rever inteiro, do curso ordinário da vida, em todas as partes da figura — do dobrado ao singelo. João Porém, ramerrameiro, dia-a-diário — seu nariz sem ponta, o necessário siso, a força dos olhos coalhos — imóvel apaixonado: como a água, incolormente obediente.

"Ele fora ali a mente mestra. Mas, com ele não aprendiam, nada. Ainda repetiam só: — 'Porém! Porém...' Os perus, também." (*TUT.*, p. 76; grifo nosso.)

A fantasia dos personagens, que nos contos anteriores os favorecia, começa agora a prejudicá-los; os devaneios, vistos anteriormente sob uma luz positiva, começam a ser encarados numa perspectiva crítica. Os quatro núcleos narrativos que distinguimos na análise dos contos de *Tutaméia* foram um meio para destacar certas polarizações dentro da obra: a oposição entre os que se resignam e os heróis, a oposição entre os devaneios com resultado positivo e os devaneios com resultado negativo. A resignação e o fracasso do imaginário contrabalançam os atos heróicos e os milagres, e mais: põem-nos sob uma luz caricaturesca. Os assuntos banais misturam-se com outros, mais dramáticos — tal mistura de níveis e de estilos cria um mundo grotesco em que os personagens reduzem-se a marionetes. As "tutameiices" podem ser os pequenos problemas do dia-a-dia, mas também as enormes calamidades: Frente a elas os personagens reagem com devaneios e desejos utópicos. Tal é o código que Guimarães Rosa empresta ao seu sertanejo, fazendo ao mesmo tempo um certo esforço de renúncia ao *deus ex machina*.

7

EVOLUÇÃO DA POÉTICA DE GUIMARÃES ROSA CONTISTA — POSSIBILIDADES E LIMITES DE UMA GRAMÁTICA NARRATIVA

A codificação dos contos todos de Guimarães Rosa permitiu transcrever as 1 500 páginas de texto em 77 esquemas, reunidos em 4 tabelas. Resta ainda uma dupla tarefa: 1) caracterizar a poética de Guimarães Rosa contista, o que somente será possível em termos de sua evolução; 2) diante de um caso concreto, questionar a utilidade do método, suas possibilidades e seus limites.

Dentro de uma orientação estruturalista ortodoxa dever-se-ia operar ainda uma redução: a condensação dos 77 esquemas, se possível em *uma* fórmula. Foi o que fez Propp na *Morfologija skazki,* classificando os contos de fada russos de modo a reduzi-los a um esquema único, espécie de matriz generativa, a partir da qual eles podem ser redesenvolvidos e novos contos engendrados, em número teoricamente ilimitado. Semelhantemente (embora de maneira muito menos diferenciada), Todorov, na *Grammaire du Décaméron,* reduziu a estrutura das novelas aos elementos "pergunta e resposta" e "intercâmbio".

Não nos parece, no entanto, adequado tentar obter na caracterização da poética de Guimarães Rosa uma possível "arquifórmula". Levando em conta a diferença do objeto de análise — não se trata de contos de autoria diversa e anônima, como acontece com o material examinado por Propp, nem de um livro único, como na pesquisa de Todorov — o que importa não é obter uma fórmula globalizante, mas justamente extrair das variantes elementos que possibilitem caracterizar os contos de Guimarães Rosa em sua evolução. De fato, a ampla faixa cronológica abrangida por sua publicação — 1937/46, 1956, 1962, 1967 — mais que sugere, exige conceber a obra desse autor não como um mero foco estático (visão muito comum quanto a *Grande Sertão: Veredas*), mas em sua dimensão diacrônica, como um *processo*.

Por se tratar, nesses contos, de um *work in progress,* implicando uma relação dinâmica entre quatro fases de produção, bem distintas, a redução dos 77 esquemas deveria ter este limite: as quatro invariantes ou *estruturas* (E), coincidindo, *grosso modo,* cada uma com um dos quatro volumes de contos:

$E_1 \rightarrow$	$E_2 \rightarrow$	$E_3 \rightarrow$	E_4
Sagarana	*Corpo de Baile*	*Primeiras Estórias*	*Tutaméia*
poética de GR dos anos 1940	poética de GR dos anos 1950	poética de GR dos anos 1960 1.ª metade	poética de GR dos anos 1960 2.ª metade

Com efeito, cada fase da produção de Guimarães Rosa contista não é autônoma, mas se integra numa série histórica. Por meio das quatro estruturas podemos tentar um esboço de caracterização da ampla obra do contista mineiro, no que diz respeito às fábulas:

E_1 $a \rightarrow b$ "o ato agressivo ou delito é seguido de sanção"

E_2 $e\ldots$ "consciências inquietas ou angustiadas"

E_3 $imag\ldots$ "o protagonista sente-se mais atraído
     $f \leftarrow$ pelo imaginário do que pelo real; a ação esquisita, anormal ou aloucada suscita reações contraditórias"

E_4 $g \leftarrow$ "o protagonista é acossado por uma dificuldade, ameaça ou desgraça, sendo suas possíveis reações:
     h resignação
     i luta vitoriosa
     $opt\ (H'=H)$ recurso à imaginação, desejando que o
     $imag$ imaginado se torne realidade — o que pode ou não acontecer"[1].

Esse quadro de estruturas seria a formulação mais genérica da poética de Guimarães Rosa contista. Importa encontrar um modo de explicar, em termos de síntese, a transformação ocorrida ao longo desta série de estruturas ($E_1 \rightarrow E_2 \rightarrow E_3 \rightarrow E_4$). Para melhor ilustração, representamos os diversos níveis do nosso sistema de descrição por meio de um diagrama:

```
. . . . . . . . . . . . . . .      77 esquemas (correspondendo a
. . . . . . . .                    um número igual de fábulas)
| | | | | | | | | | |              15 núcleos narrativos

E₁ E₂ E₃ E₄                        4 estruturas
```

(1) Tal condensação seria indispensável, ao se tratar, por exemplo, de situar Guimarães Rosa na história do gênero conto. Obviamente, as obras de referência e comparação — que se trate, por exemplo, dos contos de Machado de Assis, Julio Cortázar ou Edgar Allan Poe — deveriam, antes, ser descritas segundo uma mesma convenção: a gramática narrativa.

A condensação também pode ser de grande proveito para a realização de um projeto formulado por Hans Robert Jauss (*Literaturgeschichte als Provokation der Literaturwissenschaft*, Konstanz, 1967), comportando a análise de todas as obras significativas de determinada fase da produção literária para construir um "horizonte de expectativa do público" (*Erwartungshorizont des Publikums*) — um tipo de pesquisa, sincrônico de início, mas que poderia, pela sobreposição de vários "horizontes", proporcionar novos impulsos à historiografia literária.

Os 77 *esquemas* foram obtidos a partir do resumo dos contos ou seja, a partir das fábulas. Vários esquemas evidenciaram semelhança estrutural e podiam ser agrupados em *núcleos* (no total: 15). Estes, por sua vez, foram reduzidos de modo a se chegar às 4 *estruturas*. Os diversos graus de abstração — esquemas, núcleos, estruturas — têm cada um uma função específica neste trabalho. A descrição integral dos contos de Guimarães Rosa havia de ser feita, conto por conto, no nível dos esquemas. No outro extremo, o quadro das *estruturas* mostrou a maior condensação possível. Para traçar agora uma síntese da evolução da poética de Guimarães Rosa contista, o nível mais adequado será o dos 15 núcleos narrativos (NN).

NN-1.1. $Ya \uparrow b^1Y + cX$ "O ato agressivo ou **delito é**
       ....   seguido de sanção. Na maioria dos casos, a vítima é salva."
                                  (freqüência: 5/9 de *Sagarana*.)

Nesta parte da obra de estréia ainda se percebe uma certa influência do código do romance engajado dos anos 1930. Em "Conversa de Bois", o fazendeiro Agenor, que explora e maltrata um menino pobre e que, além disso, leva uma vida imoral, é severamente castigado. No entanto, a idéia de luta de classes, vaga e metaforicamente transferida à linguagem dos bois (os "subjugados" no sentido literal), não apresenta recorrência nas demais narrativas de *Sagarana*. A agressividade de um Silvino ou de um Turíbio Todo, por exemplo, não conhece outras razões a não ser as da vingança pessoal contra seus inimigos. Do ato de vingança, puramente individualista, esses matutos tiram compensação para suas frustrações e até um sentido suficiente para a vida:

"Todavia, como o bom, o legítimo capiau, quanto maior é a raiva tanto melhor e com mais calma raciocina, Turíbio Todo dali se afastou mais macio ainda do que tinha chegado, e foi cozinhar o seu ódio branco em panela de água fria.
"E fez bem, porque então lhe aconteceu o que em tais circunstâncias acontece às criaturas humanas, a 19º de latitude S e a 44º de longitude O[2]: meia dúzia de passos e todo o mau-humor se deitava num estado de alívio, mesmo de sa-

(2) Coordenadas do município de Cordisburgo.

tisfação. Respirava fundo e sua cabeça trabalhava com gosto, compondo urdidos planos de vingança." (*Sag.*, p. 141.)

Caracterização semelhante é a do capiau a quem Augusto Matraga arrebatara uma mulher. Aqui também o ato de vingança não é apresentado como qualquer conflito de maior alcance (por exemplo, capiau vs. coronel), mas como a mola que desencadeia o ódio, em termos de impulso:

"E Nhô Augusto fechou os olhos, de gastura, porque ele sabia que capiau de testa peluda, com o cabelo quase nos olhos, é uma raça de homem capaz de guardar o passado em casa, em lugar fresco perto do pote, e ir buscar da rua outra raivas pequenas, tudo para ajuntar à massa-mãe do ódio grande, até chegar o dia de tirar vingança."

Tipos como Turíbio Todo ou o capiau, inimigo de Matraga, representam — com referência à história literária — o primeiro passo nas tentativas de Guimarães Rosa de caracterizar o sertanejo. O matuto, agindo segundo seus impulsos é, embora vinculado a determinado quadro social, alheio a qualquer "consciência de classe" — uma nítida reação contra o herói do romance engajado.

NN-1.2. $Xa \to b^2X \to Xi$ "O protagonista comete um ato de agressão ou um delito, sofre uma sanção e, em seguida, faz um esforço ou uma proeza que o qualifica como herói."
(freqüência: 3/9 de *Sagarana*.)

Ao lado do tipo do matuto impulsivo surgem as primeiras figuras de "herói": Lalino e Matraga, um se distinguindo pela astúcia, outro pela força e a violência, qualidades eminentemente características da narrativa folclórica. Soluções folclóricas, aliás, são onipresentes nas fábulas de *Sagarana* (NN-1.1. e 1.2.), particularmente na figura do "auxiliar mágico" (o burrinho pedrês, os bois, os feiticeiros), que passa a assumir um papel preponderante em "O Recado do Morro" (já em *Corpo de Baile*):

NN-1.3. $Ya^{1'} \leftarrow ZcX + bY$ "Um plano de assassinato é anulado por um auxiliar mágico (*deus ex machina*); o agressor é castigado."
(1/7 de *Corpo de Baile*.)

Como se efetua, dentro da poética de Guimarães Rosa, a transição da estrutura E_1 ("delito seguido de sanção") a outra, vincadamente diferente, E_2 ("consciências inquietas e angustiadas")? Não é preciso recorrer a especulações, pois o núcleo narrativo NN-2.1., realizado pelo conto "Dão-Lalalão", de *Corpo de Baile,* evidencia essa transição:

NN-2.1. $Xe \underset{imag}{(Ya^3)} \rightarrow \underset{imag}{opt(b^1Y)} \leftarrow b^2W$

"X, inquieto, imagina que Y o tenha traído com sua mulher; deseja vingar-se matando Y. Efetivamente, nada faz, mas despeja suas frustrações numa agressão verbal contra W."
(1/7 de *Corpo de Baile.*)

O enredo tipo "delito seguido de sanção", portanto, ainda é conservado, mas o delito só existe na imaginação inquieta e ciumenta do protagonista; a sanção severa existe também apenas como projeção dos desejos do herói, contrastando com a sanção efetiva, leve e infligida a um segundo antagonista. Através da nova técnica estreada nesse conto (*e*: "consciência inquieta e angustiada"; *imag*: "recurso do protagonista ao imaginário"), Guimarães Rosa abre caminho para as narrativas características de *Corpo de Baile* e *Primeiras Estórias,* substancialmente diferentes das de *Sagarana.*

A partir de *Corpo de Baile* o sertanejo começa a ser visto "por dentro": um ex-valentão, um menino pobre filho de sitiantes, um capataz de vaqueiros, mulheres de uma família de fazendeiros etc. As suas preocupações podem ser resumidas por uma dupla problemática:

NN-2.2. $Xe \underset{opt}{B^{1,2}} \leftarrow B^{3,4} \rightarrow XB^{5,6}$

"As inquietações e os desejos de X giram em torno de namoro e casamento. Mas a realidade por ele experimentada é diferente: adultério e prostituição. X escolhe entre um relacionamento apenas sexual ou a amizade pura."
(2/7 de *Corpo de Baile.*)

NN-2.3. Xe(C)... + ZcX   "A consciência de X reflete sintomas de subdesenvolvimento. Os problemas se resolvem graças a um *deus ex machina*."

A visão que esses personagens têm de sua condição, de sua relação com o meio social, de seus conflitos, apreende os sintomas de uma sociedade desequilibrada, mas não chega nem a conhecê-los em sua extensão nem a vislumbrar suas causas. Por isso, talvez seja melhor substituir o conceito "consciência", aplicado a esses sertanejos, por "pré-consciência", termo proposto por Alfredo Bosi, que também fala em relação a *Corpo de Baile* e *Primeiras Estórias* de "modos pré-lógicos da cultura: o mito, a psique infantil [cf., por exemplo, NN-2.4., ver nota 3] o sonho, a loucura"[3].

Em *Corpo de Baile* ocorre uma transformação notável da técnica narrativa de Guimarães Rosa: ao esforço de captar a pré-consciência do sertanejo "por dentro" corresponde, em termos de perspectiva narrativa, o amplo uso do discurso indireto livre; em termos de estrutura da fábula, há uma tendência a evitar um desfecho predeterminado. Mas, vez por outra, sobrevêm interferências exteriores: a fábula disposta "em aberto" é fechada, em alguns casos, pela intervenção de um *deus ex machina* (cf. NN-2.3.): o autor proporciona "de fora" a salvação a seus personagens, neutralizando assim um potencial de crítica social.

Em *Primeiras Estórias* o Autor consegue realizar o projeto talvez mais importante de sua poética narrativa: expressar, simultaneamente no plano estilístico e no plano da fabulação, o universo mental do sertanejo. Tal integração não se deu em *Sagarana,* foi tentada em *Corpo de Baile* (com sucesso convincente na figura do Chefe Zequiel e em "Cara-de-Bronze") mas só se realiza amplamente em *Primeiras Estórias:*

(3) a) *História concisa da literatura brasileira,* São Paulo 1970, p. 484.

b) NN-2.4.: Xe $\begin{pmatrix} -D \\ D \end{pmatrix}$ + XD   "Um menino faz a experiência de alegria e tristeza, simultaneamente e se condicionando mutuamente; a alegria acaba dominando."
(2/21 de *Primeiras Estórias.*)

141

NN-3.1. $Xf \to Y_s(f=a) \to Y_s - opt(Xf) \leftarrow$
.... "X caracteriza-se por comportamento ou qualidades estranhas, anormais; os 'normais' se opõem; no entanto, essa reação é contraditória."
(14/21 de *Primeiras Estórias*.)

É isso que explica fundamentalmente a diferença em termos de estrutura entre a primeira e a segunda fase da criação literária de Guimarães Rosa[4].

Nem sempre em *Primeiras Estórias* são expressas formas de pensar do sertanejo, mas trata-se de projeções da cultura citadina e letrada. Assim, no caso do protagonista de "O Espelho":

NN-3.2. $Xe \atop imag$ $(H=?) \to Xf \to Xe \atop imag$ $(H=?)$

"Consciência inquieta e angustiada: a imaginação do protagonista gira em torno da pergunta: o que é o real? o que é o imaginário? X procede a experiências esquisitas. No fim, se reencontra diante das mesmas perguntas."
(1/21 de *Primeiras Estórias*.)

Suas estranhas experiências com espelhos, suas preocupações metafísicas sobre a verdadeira natureza do real e do imaginário não se filiam de modo algum, formalmente, a alguma vivência mítica do sertanejo, mas a especulações de gabinete.

Nem tudo é vanguarda nas *Primeiras Estórias;* alguns enredos são de feitio decididamente neo-romântico:

NN-3.3. $Xopt(B') + Zc \to B$ "O protagonista imagina um amor de conto de fadas, que se realiza graças à contribuição de um ajudante milagroso."
(3/21 de *Primeiras Estórias*.)

As melhores peças de *Primeiras Estórias* são aquelas cujos protagonistas são ou crianças [cf. NN-3.4.][5] ou os dois tipos que já tinham sido elaborados de maneira fecunda em *Corpo de Baile*: o marginal e o débil mental. Alfredo Bosi fala do "fascínio do alógico" em

(4) Cf. *supra*, p. 17, nota 23.
(5) NN-3.4.: $Xopt(H') + H' > H$ "X representa-se um mundo imaginário e vive nele; esse mundo revela-se superior ao da realidade."

Primeiras Estórias: são contos povoados de crianças, loucos e seres rústicos que cedem ao encanto de uma iluminação junto à qual os conflitos perdem todo relevo e todo sentido"[6]. Subscrevemos a primeira parte dessa caracterização; entretanto, negar uma relevância aos conflitos parece-nos discutível. Como vimos na análise de *Primeiras Estórias,* o código do alógico, enquanto *mimese* da fala e ação dos inadaptados, dos desajustados, tem, sim, a função de acentuar um conflito: questiona e subverte a linguagem dos "normais", daqueles que precisam permanentemente estabelecer, confirmar e garantir a existência da Razão[7].

Finalmente, em *Tutaméia,* paralelamente a um inegável maneirismo no plano estilístico, predominam, no plano da fábula, o anedótico e o caricaturesco. Diferentemente de *Primeiras Estórias,* o herói das *Terceiras Estórias* perdeu a iniciativa da ação; só lhe resta *reagir* diante das "tutameiices" — pequenos problemas do dia-a-dia, mas também a enorme calamidade do sertanejo. Aparentemente, seu comportamento não é predeterminado; acossado pela dificuldade, ele "escolhe" entre tipos diversos de reação. Elaboramos uma classificação em quatro grupos de estórias, segundo quatro tipos de respostas. Por exemplo, a reação tipo "resignação" (NN-4.1., p. 117) opõe-se à reação tipo "vitória do protagonista graças a suas qualidades de herói" (NN-4.2., p. 121). Em outros casos, o herói recorre ao imaginário, o que marca a transição para o terceiro tipo de estórias. O imaginário pode revelar-se superior ao real (NN-4.3., p. 126), traindo assim, mais uma vez, a percepção global do problema, pelo Autor, e, paralelamente uma abordagem que escamoteia sua realidade e complexidade, solucionando-o por intermédio de intervenções externas. Por outro lado, entretanto, o recurso ao imaginário é insuficiente diante da dura realidade (NN-4.4., p. 131) e o herói beira, de novo, a situação de desamparo ou de resignação.

Em suma, *Tutaméia* expressa o comportamento do sertanejo diante de seus problemas reais (não-metafí-

---

(6) *Op. cit.,* p. 486.
(7) Este ponto é de sumo interesse e alta complexidade. Já Mário de Andrade, como salientou Álvaro Lins, "preocupou-se certa vez, num de seus artigos de crítica, com a abundância de falhados e pobres diabos aproveitados como personagens nos romances brasileiros. Agora, a abundância é de loucos, e talvez isso seja de interesse para os psicólogos e os sociólogos". *Jornal de Crítica,* 6.ª série, Rio, 1951, p. 94.

sicos, mas, afinal de contas, de ordem econômica e social) em termos de sua linguagem, isto é, de sua mitologia e fabulação (cf. os verbos *opt* e *imag*). Parece, aliás, que o escritor se deu conta dessa diferença entre o metafísico e a realidade, fazendo parcialmente um esforço de renúncia a seu *deus ex machina*.

À guisa de conclusão dessa aplicação-teste da gramática narrativa impõem-se, ainda, algumas reflexões e perguntas sobre os fundamentos e postulados da *teoria literária* à sua base. Para tanto, nossa experiência com o método da *Grammaire du Décaméron* será avaliada em relação a outras obras relevantes da teoria literária de Tzvetan Todorov.

Conceito central do seu pensamento é o de *Poética*. Consultando sua publicação mais recente, o artigo "Poétique" (1972) [8], verificamos que sua concepção de teoria literária não mudou substancialmente desde 1969, ano da publicação da *Grammaire du Décaméron:*

"O termo 'poética', da maneira como nos foi transmitido pela tradição, designa, em primeiro lugar, toda teoria interna da literatura. Em segundo lugar, aplica-se à escolha feita por um autor entre todos os recursos literários possíveis (temática, composição, estilo etc.); em terceiro lugar, refere-se aos códigos normativos estabelecidos por uma escola literária, conjunto de regras práticas cuja utilização torna-se, então, obrigatória. Aqui, somente nos preocupamos com a primeira acepção do termo"[9].

Interessa-nos ver como funciona essa teoria *interna* da literatura, na prática. Logo no início da *Grammaire du Décaméron,* Todorov declara:

"Parece que, hoje em dia, os estudos literários, finalmente, encontraram seu objeto próprio — depois de terem errado através de campos tão afastados como a biografia do autor ou a sociedade contemporânea"[10].

Não vemos nada de negativo nesse perambular através desse campo "tão afastado" da literatura que é a sociedade contemporânea (pelo contrário, esse tipo de referência seria altamente desejável). Ora, o que não deixa de causar surpresa é como um método que recusa tão decididamente uma extrapolação da literatura para a sociedade, de repente, no capítulo final do

---

(8) O. Ducrot e T. Todorov. *Dictionnaire encyclopédique des sciences du langage*. Paris, 1972.
(9) *Op. cit.*, p. 106.
(10) *Loc. cit.*, p. 9.

livro, descamba para uma interpretação sociologizante:

"Pode-se dizer com muita razão que Boccaccio é um defensor da livre empresa e até, se quisermos, do capitalismo nascente."

"Sem dúvida, a literatura possui mais de uma ligação com a economia política"[11].

Como essa interpretação e esse tipo de conclusão — não apenas não previstas nos objetivos de Todorov, mas ainda a eles diametralmente opostas — são obtidas a partir da descrição, isto é, a partir dos 15 ou 20 elementos operativos da gramática narrativa do *Décaméron?*

Antes de elucidar esse problema, seria útil ver como Todorov situa sua teoria literária em relação às demais abordagens do fenômeno literário. Em primeiro lugar, distancia-se de "todas as tentativas conhecidas de fundar o que se chama impropriamente uma *ciência da literatura*"[12]. Sua atitude pode ser caracterizada como discriminatória e polêmica face a duas modalidades de estudos literários:

"Na França, a dominação do espírito historicista, de um lado, e do impressionismo jornalístico, de outro, impediram durante muito tempo qualquer desenvolvimento da poética (malgrado o projeto anunciado por Valéry). É só a partir de 1960 [...] que apareceram as primeiras tentativas de análises estruturais"[13].

Quanto aos historicistas (palavra já pejorativa pelo sufixo), Todorov dá a entender que em breve serão substituídos por historiadores de formação estruturalista[14]. No entanto, o que está em desacordo com esse anúncio de uma nova história da literatura é a seletividade extremamente arbitrária, bem como a falta de consciência histórica e de tolerância em relação àqueles críticos literários franceses que escreveram antes de 1960. Se acreditarmos em Todorov, o único nome digno de relevo seria o de Paul Valéry; afora ele, existiria, nos primeiros 60 anos deste século, um "branco" na história da teoria literária francesa, contrastando inexplicavelmente com a proliferação de pesquisas russas, anglo-americanas, alemãs, indicadas no mesmo artigo.

(11) *Ibidem*, pp. 81 e 82.
(12) Artigo "Poétique", (1972), p. 106.
(13) *Ibidem*, pp. 111-112.
(14) Cf., por exemplo, *ibidem*, p. 107.

Abordagens não utilizáveis sob a bandeira estruturalista não são nem sequer mencionadas.

A segunda parte da polêmica de Todorov visa o impressionismo. Hoje em dia, os "impressionistas", desprestigiados, tornaram-se "bodes expiatórios". Mas o que seria, sem eles, da propagação e discussão de obras de poesia e ficção? Um autor como Guimarães Rosa teria simplesmente passado despercebido.

Seria interessante examinar a própria *Grammaire du Décaméron* sob o enfoque do impressionismo. Nota-se que dos 15 a 20 elementos operativos da gramática narrativa do *Décaméron* reencontramos apenas dois, quando Todorov esboça sua síntese: "desejo" e "modificação"[15]. Para explicar a estrutura "sintática" da novela, ele improvisa esta seqüência de analogias binárias:

"desejo" — "modificação"
"dados" — "solução"
"pergunta" — "resposta"

Não se vê bem em que elucidem substancialmente a obra ou o gênero novela. Como já ficou patente na crítica de Bremond[16], Todorov possui uma espécie de conceito operacional *passe-partout:* o verbo *a* ("modificar uma situação"). Infelizmente, trata-se de uma ação desligada do tempo e do espaço, noção tão abstrata que, numa interpretação final, pode ser manipulada à vontade, isto é, receber qualquer valor "análogo" desejado.

Quanto ao lado "semântico" das novelas, o conjunto das fórmulas do *Décaméron* é reduzido a uma só unidade: o tema do intercâmbio ou do "intercâmbio falsificado". A partir daí, Todorov improvisa um "sentido geral" para o *Décaméron:*

"Se este livro possui um sentido geral, seria justamente o de uma libertação no intercâmbio, de uma ruptura no sistema antigo em nome da audaciosa iniciativa pessoal"[17].

e descobre, como já vimos, em Boccaccio um defensor da livre empresa e do capitalismo nascente. Tal pro-

---
(15) Cf. *Grammaire*, p. 76 e segs.
(16) "Observations sur la *Grammaire du Décaméron. Poétique* 6, (1971): 200-222.
(17) *Grammaire*, p. 81.

cedimento por livres associações, por sugestivo que seja, não tem força de prova. Estamos em pleno impressionismo.

No artigo "Comment lire?" [18], publicado no mesmo ano que a *Grammaire du Décaméron*, Todorov distingue cinco modalidades de estudos do texto: projeção, comentário, leitura, poética, interpretação. Dentre esses conceitos, focalizaremos os dois últimos, tentando lançar alguma luz sobre o problema metodológico de como se dá a passagem da *descrição* de determinada obra à sua *interpretação*.

A *poética* (ou teoria literária), segundo Todorov, não procuraria desvendar o sentido do texto, mas *descrever* seus elementos constitutivos. A *interpretação*, por outro lado, seria a descoberta, "através do texto aparente, de um segundo texto mais autêntico" (ao passo que para a *leitura,* o texto seria múltiplo). Característico para o método de Todorov é manter as duas abordagens rigidamente separadas. Uma das idéias caras a ele é a do instrumentalismo. Sua *poética* se propõe: a: "elaboração de categorias", "elaboração de uma teoria da descrição", "elaboração de instrumentos", "fornecimento de instrumentos"[19].

Resta saber para que vão servir essas categorias. Vejamos, a título de exemplo, uma passagem do Cap. III da *Grammaire du Décaméron,* intitulada "Estudo das Seqüências". Todorov distingue, sucessivamente: "relações temporais", subdivididas em "ênfase" e "inversão" (esta, por sua vez, subdividida em "inversão de atributo", "inversão de visão", "não inversão"); além disso, há as "relações causais", que se dividem em "modificação", "desejo", "motivação", "resultado", "castigo", "hipótese"; depois, procede-se a uma nova taxinomia em termos de "relações obrigatórias", "relações facultativas", "relações alternativas"...

Nessa fase da pesquisa de Todorov existe uma nítida desproporção entre abundantes categorias de classificação e o magro conhecimento a que se chega. A elaboração de instrumentos corre o risco de se tornar finalidade em si.

(18) Consultamos a republicação em *Poétique de la prose*, Paris 1971, pp. 241-253.
(19) Artigo "Poétique", (1972), pp. 106 e 107.

Antonio Candido, ao estudar as relações entre escritor e público, propõe dois níveis de consideração: um *externo* e um *interno*[20]. No capítulo inicial, observamos o primeiro nível. Focalizando esse público especial constituído pelos críticos — formadores, em grande parte, da opinião literária geral — interessou-nos ver como os contos de Guimarães Rosa foram "mediatizados". A seguir (Caps. 3 a 6) desenvolveu-se a pesquisa no segundo nível: uma análise integral das fábulas de *Sagarana, Corpo de Baile, Primeiras Estórias* e *Tutaméia*, para definir com a maior objetividade possível, o tipo e grau de imagem que transmitem da sociedade sertaneja. Foi retomado assim o tópico controvertido do regionalismo. Duas definições do regionalismo serviram-nos, simultaneamente, de orientação: 1) "contato de uma cultura citadina e letrada com a matéria bruta do Brasil rural, provinciano e arcaico"[21]; 2) "o subdesenvolvimento na consciência literária do país"[22].

O que se pode concluir sobre as relações entre a obra de Guimarães Rosa difundida pela crítica, instituição social, e a sociedade brasileira como fenômeno mediatizado pela literatura? Na atitude de Guimarães Rosa diante da realidade brasileira convém distinguir sua posição "oficial", como membro da classe dominante, e sua posição artística. A crítica panegírica considerou-as como equivalentes, tentando fazê-las concordar; literatura e declarações não-literárias foram tratadas indiscriminadamente. O acento colocado no conteúdo metafísico dos contos implicava um afastamento da realidade concreta do subdesenvolvimento e a importância artística de Guimarães Rosa era reduzida a algumas inovações formais ligadas a um vago humanismo.

Propusemos uma alternativa. O crítico tem que se colocar radicalmente do lado da obra; sua tarefa consiste em explicá-la adequadamente e em defendê-la contra deformações, mesmo que venham, *a posteriori,* da parte do próprio Autor. Isso só é possível quando se dispõe de um método apropriado: no nosso caso, uma descrição detalhada das estruturas relevantes da obra.

(20) *Literatura e Sociedade*, p. 87 e *passim*.
(21) A. Bosi. *História concisa da literatura brasileira.* p. 155. O autor refere-se explicitamente às "várias formas de sertanismo".
(22) A. Candido, numa conferência sobre Guimarães Rosa, 22-3-1971, Escolinha de Arte, São Paulo, retomando idéias já expressas em seu "Sous-développement et littérature en Amérique latine", *Cahiers d'Histoire Mondiale,* (UNESCO), v. XII, n.º 4 (1970), pp. 620, 635, 637.

Só assim temos meios de compreendê-la como modelo da realidade brasileira, e só assim a literatura pode ser descoberta e utilizada como forma específica de comunicação e de conhecimento.

Foi possível obter três resultados:

1) Uma descrição integral e detalhada dos contos ao nível da fábula, isto é: funções narrativas, constelações dos personagens e sintaxe narrativa. Cada um dos 77 contos foi registrado em termos exatos, de modo que tudo o que é dito sobre eles é passível de imediata verificação. Esperamos ter correspondido assim às exigências metodológicas de Bremond (1971) em sua crítica da *Grammaire du Décaméron*.

2) O desenvolvimento de um modelo estrutural que abarca o conjunto das narrativas de Guimarães Rosa em sua dimensão diacrônica. Sem querer equacionar diacronia e história, existem agora condições melhores de estudar os contos numa perspectiva histórica.

3) A prova de serem diferentes a posição "oficial" e a posição artística de Guimarães Rosa. Também foi possível mostrar em que pontos existem interferências. Referimo-nos àqueles elementos narrativos, que funcionalmente não são integrados no texto e que aí aparecem como corpos estranhos: em primeiro lugar, o recurso a um *deus ex machina,* de cunho "paternalista". Nesses casos, o Guimarães Rosa "ideológico" intervém, excepcionalmente, no processo da produção artística; normalmente, os dois fenômenos são separados.

A relação entre literatura como modelo e sociedade como objeto de conhecimento é bem mais complexa do que podia ser mostrado nesse trabalho. No que concerne aos estudos literários, seria preciso fornecer uma descrição ao mesmo tempo mais minuciosa e mais ampla. Com base na descrição das estruturas da fábula, que representam um sistema-chave, é possível sugerir em que sentido a pesquisa deve continuar. Em primeiro lugar, por um estudo dos elementos estilísticos, em todas as narrativas em que eles intervêm no nível da fábula. Assim chegar-se-ia a uma caracterização mais exata do sistema formado pelas micro- e macro-estruturas — da "narração" no sentido de Barthes — objeto central dos estudos de narrativa. Ao sociólogo da literatura e ao historiador caberia a tarefa de relacionar o sistema narrativo com os mais amplos fenômenos etnolingüísticos e sociolingüísticos correspondentes: por um lado, com as formas de comunicação e de efabulação do sertanejo, das quais os contos de Guimarães Rosa oferecem uma mimese erudita; por outro lado, com os mecanismos de sua difusão nos meios letrados das grandes cidades[23].

(23) O destinatário principal de literatura, o "simples leitor", pode achar questionáveis por princípio os resultados de uma "ciência literária", quando apresentados de maneira esquemática e algo tecnicista. Até que ponto uma *tecnologia da leitura,* como esta gramática narrativa, é capaz de traduzir a linguagem de ficção? Em mais de uma página, e a começar pelo título, compartimos com ele essa justa dúvida.

APÊNDICE

Lista das siglas utilizadas nas fórmulas

I. *Agentes ou personagens*

X	protagonista
Y	antagonista ou parceiro
Z	"3.º personagem", ajudante, auxiliar mágico, *deus ex machina*
W	personagem secundário

Os personagens ou agentes podem ser coletivos: a) especificados: X_1, primeiro protagonista; Z_3, terceiro ajudante etc. b) não-especificados: Y_s, um grupo de antagonistas; W_s, vários personagens secundários.

II. *Verbos ou funções narrativas*

a	cometer um delito, agredir
a¹	assassinar
a²	violar
a³	cometer adultério
a⁴	maltratar, fazer sofrer
b	castigar
b¹	castigar pela morte
b²	castigar (sanção não-mortal)
c	ajudar, salvar
d	*verbum dicendi* (dizer, narrar, comunicar-se)
e	estar inquieto, preocupado, angustiado
f	ação estranha, esquisita, anormal, aloucada
g	estar acossado por uma dificuldade, ameaça ou desgraça
g¹	assassinato, acusação ou tentativa de assassinato
g²	opressão ou situação problemática da mulher
g³	amor não correspondido ou adultério
g⁴	pobreza, fome, abandono
h	resignar-se
i	esforço ou proeza que qualifica o herói
i¹	ato astucioso
i²	ato violento, luta
imag	imaginar, suspeitar, inventar
opt	desejar, gostar
X(...)	X acredita que...
:	reconhecer
—	desaparecer, morrer
r	Substitutivo de vários significados verbais, tipologicamente irrelevantes

III. *Adjetivos: estados ou situações*

A	(v. p. 49, nota 8)
B	relacionamento entre homem e mulher
B¹	namoro
B²	casamento, vida conjugal
B³	desintegração do casamento, adultério
B⁴	prostituição
B⁵	relacionamento sexual
B⁶	amizade
Bˢ	símbolo erótico
C	sintomas de subdesenvolvimento
C¹	pobreza, economia de subsistência
C²	desequilíbrio total entre trabalho e posse da terra, mobilidade social restrita
C³	fome e doença, falta de condições sanitárias e de assistência médica
C⁴	debilidade mental (devida, em boa parte, às precárias condições materiais de vida)
D	alegria, festa
E	caracterização de personagem secundário
F	estranho, esquisito, aloucado
H	real, realidade, pessoa ou coisa real

H' irreal, imaginário
R   substitutivo de vários conteúdos semânticos, tipologicamente irrelevantes

IV. *Conjunções: ligações sintático-narrativas*

+   relação temporal ou aditiva
→   relação causal
←   relação adversativa
a
— (superposição): relação paralela ou simultânea
b

V. *Sinais auxiliares*

=   igualdade
—   negação
?   interrogação, enigma
'   (depois do verbo): tentativa
      (depois do adjetivo ou personagem): imaginário, irreal
fut   ou f: futuro
pret   ou p: pretérito
/   separação da dupla codificação (geral e específica — em TUTAMÉIA
1 + 2 + ...(abaixo da linha): ação repetida ou intensificada

COLEÇÃO DEBATES

1. *A Personagem de Ficção*, A. Rosenfeld, A. Candido, Décio de A. Prado, Paulo Emílio S. Gomes.
2. *Informação. Linguagem. Comunicação*, Décio Pignatari.
3. *O Balanço da Bossa*, Augusto de Campos.
4. *Obra Aberta*, Umberto Eco.
5. *Sexo e Temperamento*, Margaret Mead.
6. *Fim do Povo Judeu?*, Georges Friedmann.
7. *Texto/Contexto*, Anatol Rosenfeld.
8. *O Sentido e a Máscara*, Gerd A. Bornheim.
9. *Problemas de Física Moderna*, W. Heisenberg, E. Schroedinger, Max Born, Pierre Auger.
10. *Distúrbios Emocionais e Anti-Semitismo*. N. W. Ackerman e M. Jahoda.
11. *Barroco Mineiro*, Lourival Gomes Machado.
12. *Kafka: pró e contra*, Günther Anders.
13. *Nova História e Novo Mundo*, Frédéric Mauro.

14. *As Estruturas Narrativas*, Tzvetan Todorov.
15. *Sociologia do Esporte*, Georges Magnane.
16. *A Arte no Horizonte do Provável*, Haroldo de Campos.
17. *O Dorso do Tigre*, Benedito Nunes.
18. *Quadro da Arquitetura no Brasil*, Nestor Goulart Reis Filho.
19. *Apocalípticos e Integrados*, Umberto Eco.
20. *Babel & Antibabel*, Paulo Rónai.
21. *Planejamento no Brasil*, Betty Mindlin Lafer.
22. *Lingüística Poética. Cinema*, Roman Jakobson.
23. *LSD*, John Cashman.
24. *Crítica e Verdade*, Roland Barthes.
25. *Raça e Ciência I*, Juan Comas e outros.
26. *Shazam!*, Álvaro de Moya.
27. *As Artes Plásticas na Semana de 22*, Aracy Amaral.
28. *História e Ideologia*, Francisco Iglésias.
29. *Peru: Da Oligarquia Econômica à Militar*, Arnaldo Pedroso D'Horta.
30. *Pequena Estética*, Max Bense.
31. *O Socialismo Utópico*, Martin Buber.
32. *A Tragédia Grega*, Albin Lesky.
33. *Filosofia em Nova Chave*, Susanne K. Langer.
34. *Tradição, Ciência do Povo*, Luís da Camara Cascudo.
35. *O Lúdico e as Projeções do Mundo Barroco*, Affonso Ávila.
36. *Sartre*, Gerd A. Bornheim.
37. *Planejamento Urbano*, Le Corbusier.
38. *A Religião e o Surgimento do Capitalismo*, R. H. Tawney.
39. *A Poética de Maiakóvski*, Bóris Schnaiderman.
40. *O Visível e o Invisível*, Merleau-Ponty.
41. *A Multidão Solitária*, David Riesman.
42. *Maiakóvski e o Teatro de Vanguarda*, A. M. Ripellino.
43. *A Grande Esperança do Século XX*, J. Fourastié.
44. *Contracomunicação*, Décio Pignatari.
45. *Unissexo*, Charles Winick.
46. *A Arte de Agora, Agora*, Herbert Read.
47. *Bauhaus — Novarquitetura*, Walter Gropius.
48. *Signos em Rotação*, Octavio Paz.
49. *A Escritura e a Diferença*, Jacques Derrida.
50. *Linguagem e Mito*, Ernst Cassirer.
51. *As Formas do Falso*, Walnice Galvão.
52. *Mito e Realidade*, Mircea Eliade.
53. *O Trabalho em Migalhas*, Georges Friedmann.
54. *A Significação no Cinema*, Christian Metz.
55. *A Música Hoje*, Pierre Boulez.
56. *Raça e Ciência II*, L. C. Dunn e outros.
57. *Figuras*, Gérard Genette.
58. *Rumos de uma Cultura Tecnológica*, A. Moles.
59. *A Linguagem do Espaço e do Tempo*, Hugh Lacey.
60. *Formalismo e Futurismo*, Krystyna Pomorska.
61. *O Crisântemo e a Espada*, Ruth Benedict.
62. *Estética e História*, Bernard Berenson.
63. *Morada Paulista*, Luís Saia.
64. *Entre o Passado e o Futuro*, Hannah Arendt.
65. *Política Científica*, Darcy M. de Almeida e outros.

66. *A Noite da Madrinha*, Sergio Miceli.
67. *1822: Dimensões*, Carlos Guilherme Mota e outros.
68. *O Kitsch*, Abraham Moles.
69. *Estética e Filosofia*, Mikel Dufrenne.
70. *Sistema dos Objetos*, Jean Baudrillard.
71. *A Arte na Era da Máquina*, Maxwell Fry.
72. *Teoria e Realidade*, Mario Bunge.
73. *A Nova Arte*, Gregory Battcock.
74. *O Cartaz*, Abraham Moles.
75. *A Prova de Goedel*, Ernest Nagel e James R. Newman.
76. *Psiquiatria e Antipsiquiatria*, David Cooper.
77. *A Caminho da Cidade*, Eunice Ribeiro Durhan.
78. *O Escorpião Encalacrado*, Davi Arrigucci Júnior.
79. *O Caminho Crítico*, Northrop Frye.
80. *Economia Colonial*, J. R. Amaral Lapa.
81. *Falência da Crítica*, Leyla Perrone-Moisés.
82. *Lazer e Cultura Popular*, Joffre Dumazedier.
83. *Os Signos e a Crítica*, Cesare Segre.
84. *Introdução à Semanálise*, Julia Kristeva.
85. *Crises da República*, Hannah Arendt.
86. *Fórmula e Fábula*, Willi Bolle.
87. *Saída, Voz e Lealdade*, Albert Hirschman.
88. *Repensando a Antropologia*, E. R. Leach.
89. *Semiótica e Literatura*, Décio Pignatari.
90. *Limites do Crescimento*, Donella H. Meadows e outros.
91. *Manicômios, Prisões e Conventos*, Erving Goffman.
92. *Maneirismo: O Mundo como Labirinto*, Gustav R. Hocke.
93. *Fenomenologia e Estruturalismo*, Andrea Bonomi.
94. *Cozinhas, etc.*, Carlos A. C. Lemos.
95. *As Religiões dos Oprimidos*, Vittorio Lanternari.
96. *Os Três Estabelecimentos Humanos*, Le Corbusier.
97. *As Palavras sob as Palavras*, Jean Starobinski.
98. *Introdução à Literatura Fantástica*, Tzvetan Todorov.
99. *O Significado nas Artes Visuais*, Erwin Panofsky.
100. *Vila Rica*, Sylvio de Vasconcellos.

IMPRIMIU
TELS.: 52-7905 e 52-3585
S. Paulo — Brasil